中国
阅读

阅读中国

UNDERSTANDING CHINA

金　帛◎编著

五洲传播出版社

图书在版编目（CIP）数据

阅读中国 / 金帛著. -- 北京 : 五洲传播出版社，2023.4

ISBN 978-7-5085-5009-1

Ⅰ. ①阅… Ⅱ. ①金… Ⅲ. ①中国－概况 Ⅳ. ①K92

中国版本图书馆CIP数据核字(2022)第249784号

阅读中国

编　　著：金　帛
审　　稿：王纪德
责任编辑：黄金敏
装帧设计：缪　惟　何　杰
出版发行：五洲传播出版社
地　　址：北京市海淀区北三环中路 31 号生产力大楼 B 座 6 层
邮　　编：100088
发行电话：010-82005927　010-82007837
网　　址：http://www.cicc.org.cn　http://www.thatsbooks.com
制版单位：北京锦绣圣艺文化发展有限公司
印　　刷：北京市房山腾龙印刷厂
版　　次：2023 年 4 月第 1 版第 1 次印刷
开　　本：787 × 1092 mm　1/16
印　　张：12.75
定　　价：86.00 元

目录 CONTENTS

一、中国的地理和人文含义

特殊的地理环境使中国作为一个统一的多民族国家在形成和发展过程中，明显地表现出内向和内聚的特点。

二、绵延的大一统历史

中国古代朝代之多和更替之频，在世界各国历史中是少见的。朝代更迭非但没有使历史传承中断，相反十分明确地体现出相传相袭的特点，保持了中华文明的完整性。绵延不断和大一统，是中国古代历史和世界其他国家历史的主要区别。

CONTENTS 目录

三、传统的思想文化与社会

中国传统思想文化自成体系，基本上是一种固有的思想文化，有着独特的精神。中国的传统思想文化，决定着中华民族的精神和性格，影响着中国社会的发展。

四、农业文明时代的发达国家

中国曾以农业文明时代的发达国家而载入人类史册。古代中国代表着农业文明，在相当长时期，其生产力和社会发展水平处于世界领先地位。

目录 CONTENTS

五、帝国的终结与建立近代化国家

到1840年以后，中国发生了“三千年未有之大变局”。在西方国家的坚船利炮面前，中华帝国成为列强宰割瓜分的对象。经过100多年的不懈奋斗，中国终于走上了新的发展道路。

六、新中国的探索和改革开放

中华人民共和国建立近60年来，中国人民在建设自己国家的进程中，有喜悦和成功，也有挫折和失误。1978年，是新中国历史的转折点。自此，中国的面貌发生了巨大的变化，中国与世界的关系也进入了新的发展时期。

CONTENTS 目录

七、世界上最大的发展中国家

中国是当今世界上人口最多的发展中大国。中国现代化建设任务十分艰巨，实现发展目标还有很长的路要走，需要几代、十几代甚至几十代人的长期不懈奋斗。

八、经济全球化时代的中国与世界

当代中国与世界的关系发生了历史性变化，中国的前途命运日益紧密地同世界的前途命运联系在一起。中国已成为当今国际体系的参与者、维护者和建设者，在国际事务中发挥着重要作用。

引言

由于历史、文化和社会背景的差异，那些远离中国的异域国家的人们，常视中国为一个古老、神秘而又远不可及的国家。

中国古老，但并不陈旧；中国深邃，但并不神秘；中国遥远，但并非不可及。认识和了解中国，是一件十分愉快而有趣的事情。中国如同浩翰无际的大海，令人浮想连翩；中国如同连绵不绝的高山，埋有无穷宝藏；中国如同陈封多年的美酒，香醇无比。

中国是一个值得认识和了解的国家。中国有五千年文明史，本土文化灿烂辉煌，是远古人类社会各种文明形态中惟一未曾中断并保持了连续性的国家。中国以独特的文化思维和表现，丰富和发展了人类文明。

中国是一个需要认识和了解的国家。中国是当今世界上发展最快的国家之一，其经济发展之迅猛和社会变动之剧烈，为各国罕见。中国的人口居世界之冠，因中国的发展，世界多了新的发展机遇。中国与世界的联系日益紧密。中国的发展离不开世界，世界的繁荣需要中国。

中国是一个能够被认识和了解的国家。中国顺应历史潮流，向世界敞开胸怀，以海纳百川之伟气，兼收并蓄，与各国相互学习，相互借鉴。中国人民善良友好，笃信和平，真诚对待世界各国人民。

千百年来，外国人对中国的认识和了解从未中断过，其中不乏灼见。在不同的历史时期，中国给世人留下了不同的印象。

近400年前，葡萄牙传教士奥伐罗·塞默多（Alvaro Semedo）在其所著的《大中国志》一书中，对古代中国的发展有如下描述：

这个国家人口众多，不仅村庄，连城镇都彼此在望，有些地方河流甚多，屋舍几乎连绵不绝。……这个国家幅员辽阔，有不同的纬度和气候，所以盛产各种水果，大自然好像把分散在世界各地的水果都储存在那里。它的境内有供人生活的必需用品，及各种美好的东西，它不仅用不着向别的国家讨乞，而且还有（又多又好的）剩余满足邻近和遥远国家的需要，这些国家一直希望来访问和参观。它的主要粮食是全世界用得最多的，即小麦和大米。有些国家常用这一种，或另一种，而中国则两种都大量生产。

十几年前，美国著名汉学家费正清（John King Fairbank）在《中国：传统与变迁》一书中，对传统中国社会有如下分析：

尽管对中国这么一个庞大、古老而多样化的社会作出几点概括往往会产生误导作用，但对外国观察者来说，仍须牢记以下几点：首先，中国社会的基本单位是家庭而非个人、政府或教会。每个人的家庭都为他们提供了主要的经济支持、安全、教育、交际及娱乐活动。中国的伦理体系并不指向上帝或国家，而是以家庭为其中心的。在中国，社会行为规范来自家庭制度本身蕴含的忠贞诚善等个人品德。法律是进行管理的必需工具；而个人道德却是社会的基础。中国社会远未因为法律观念淡薄而导致无政府状态，恰恰相反，它靠儒家思想紧密地结成一体。

两年前，美国兰德公司亚太政策中心负责人威廉·奥韦霍尔特（William Overholt）在《中国与全球化》一文中，对当代迅速发展变化的中国有如下评论：

中国正经历的社会调整是难以形容的。但由于中国一直心甘情愿地进行这种调整，人类历史上从来没有哪个大国能这样突飞猛进地提高生活水平和改善劳动条件。法治局面的形成、竞争意识的增强、英语的广泛运用，外国教育模式的推广以及许多外国法律制度的引进，不仅完善了中国的制度习俗，而且改变了中国的文化教养。

当代中国正在发生广泛而深刻的变革。随着中国改革开放的深入和进一步加入经济全球化进程，中国与世界的关系日趋紧密，认识中国日渐成为世人的一种时尚。希望本书能为那些急于了解中国的读者打开一扇阅读中国的窗口。

作者

2008年1月于北京

一、中国的地理和人文含义

UNDERSTANDIN CHINA

中国有句俗语："一方水土养一方人"，强调自然环境对一个国家发展和民族生存的意义。

特殊的地理环境使中国作为一个统一的多民族国家在形成和发展过程中，明显地表现出内向和内聚的特点。

（一）地理和气候特征

中国位于地球东半球的北部，亚洲大陆的东部，东临太平洋，是一个海陆兼备的国家。中国疆域辽阔，陆地面积约为960万平方公里，约占地球陆地面积的1/15，亚洲的1/4，小于俄罗斯和加拿大，大于美国、澳大利亚等国，与欧洲相当。中国的陆上疆界长达22000多公里，大陆海岸线长达18000多公里0，与15个国家相邻，与6个国家隔海相望。

中国的地势呈西高东低阶梯状，直到大海。地理形态丰富，山脉、高原、盆地、平原、湖泊、丘陵等，一应俱全，形成各具特色的地貌区域。中国是一个多山的国家，西有喜玛拉雅、昆仑、天山、祁连、阿尔泰等山脉，中有横断、大巴、太行、阴山等山脉，东有武夷、长白等山脉，山区面积占全国总面积的2/3。这些高大山脉海拔从几千米到几百米不等，构成网络状，如同脊梁撑起中国的地貌轮廓。盆地多位于西部，主要有准噶尔、塔里木、柴达木、四川等四大盆地。高原主要位于西部和北部，有被称为"地球第三极"和"世界屋脊"的青藏高原以及云贵、黄土、内蒙古等高原。东北平原、华北平原和长江中下游平原是中国的三大平原，都位于地势较低的东部地区。中国的丘陵多分布在东南地区。美国著名汉学家费正清在比较中国与欧洲、北美洲和印度后认为：中国在地理上很不统一，缺乏地中海或广阔的平原所提供的便利交通；中国的华北平原远远小于印度北部的平原，更不用说北欧大平原和北美的中西部平原了。

中国多河流，主要水系有长度及流量均居世界前列的长江，以及黄河、珠江、黑龙江等。与北美洲的河流基本由南向北、中亚地区的河流基本由北

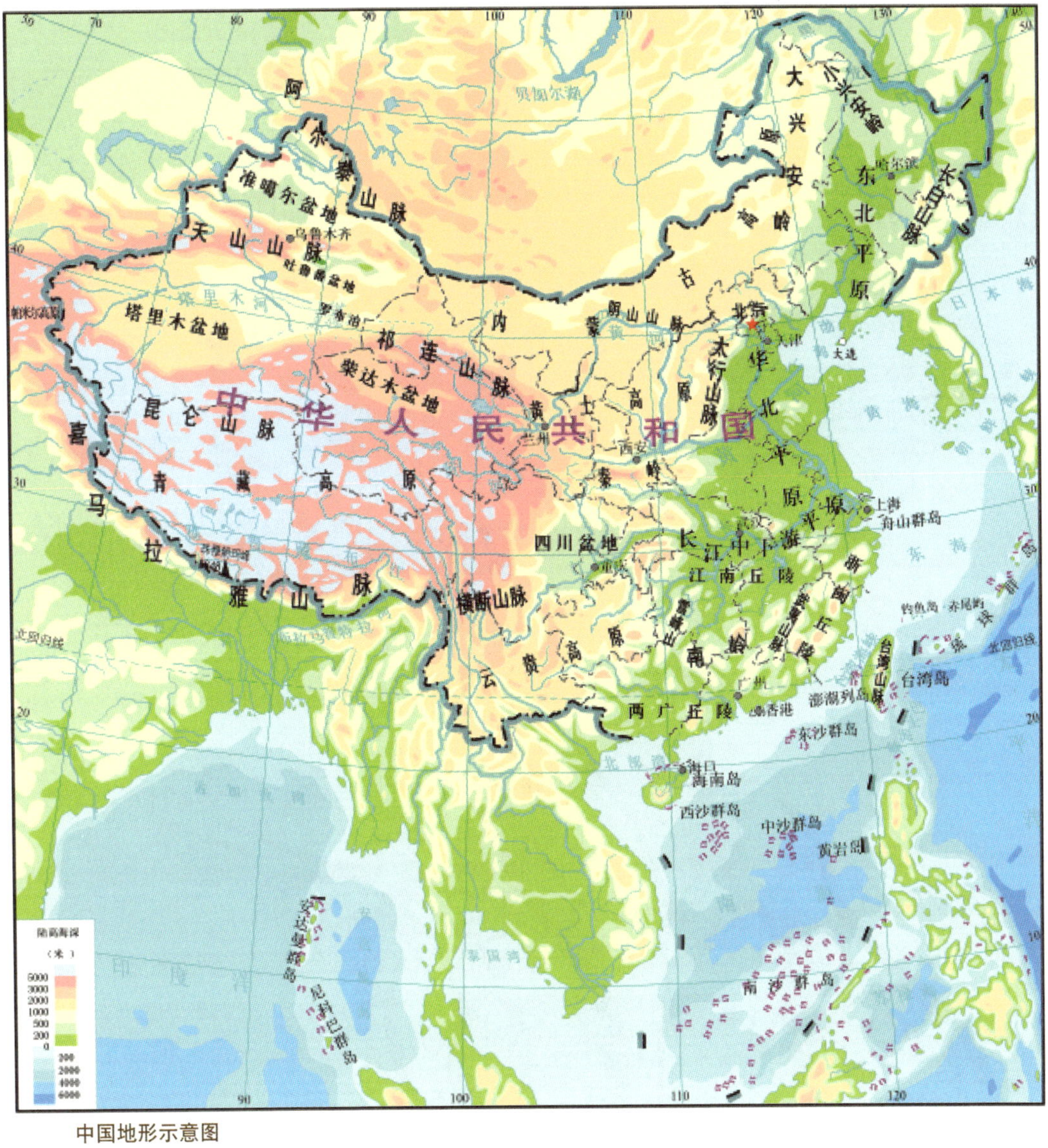

中国地形示意图

向南不同，中国的众多河流基本依地势的倾斜自西向东或东南汇入大海。这些河流从高处流到低处时，形成一定的落差，产生了巨大的水能资源。

中国的国土从北纬50度一直延伸到北回归线以南，气候呈明显的多样性，其中温带、暖温带和亚热带占据了绝大部分，气候温和，四季分明。中国大部分国土的纬度都在欧洲以南，与美国基本相当。大陆性季风气候是中

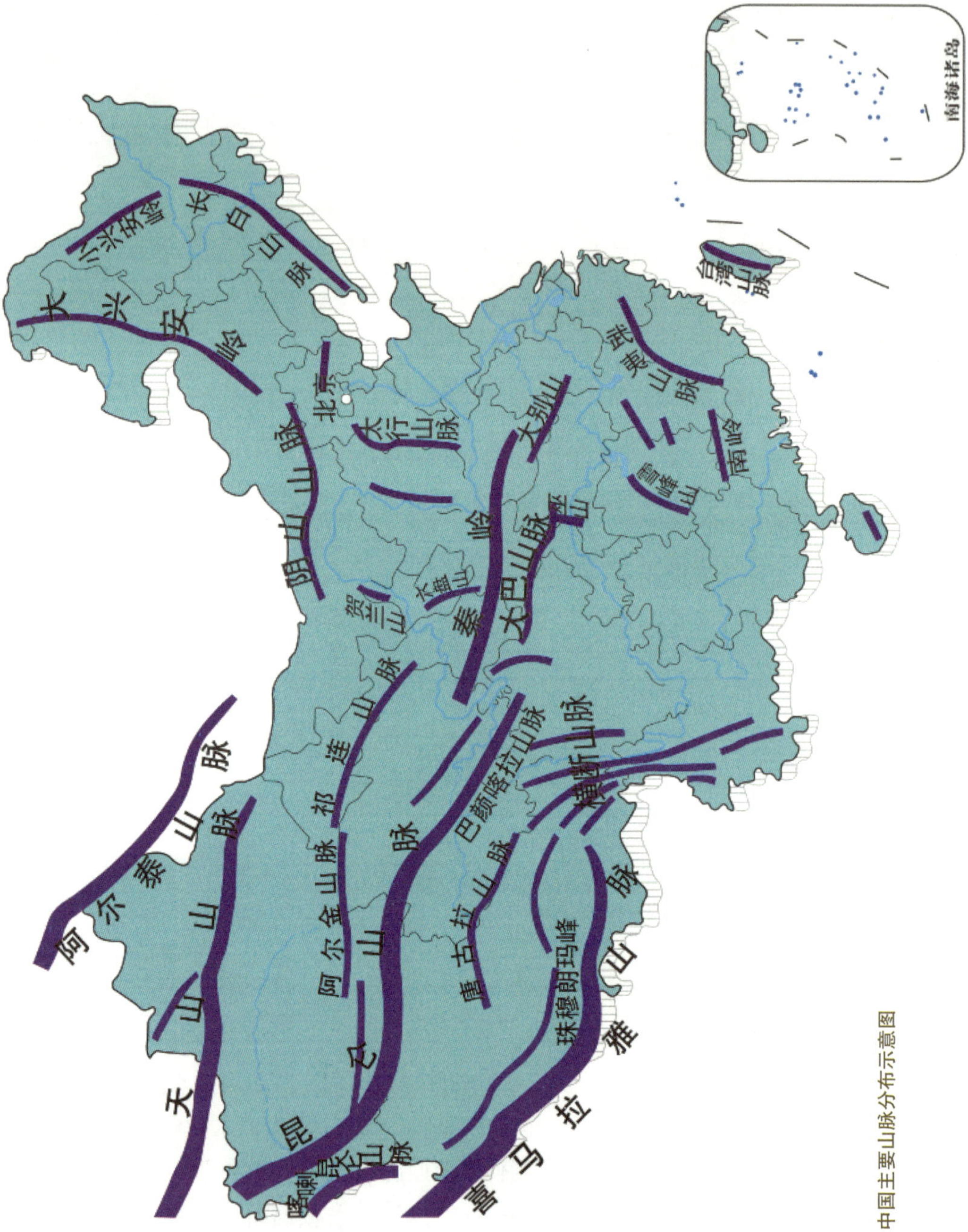

中国主要山脉分布示意图

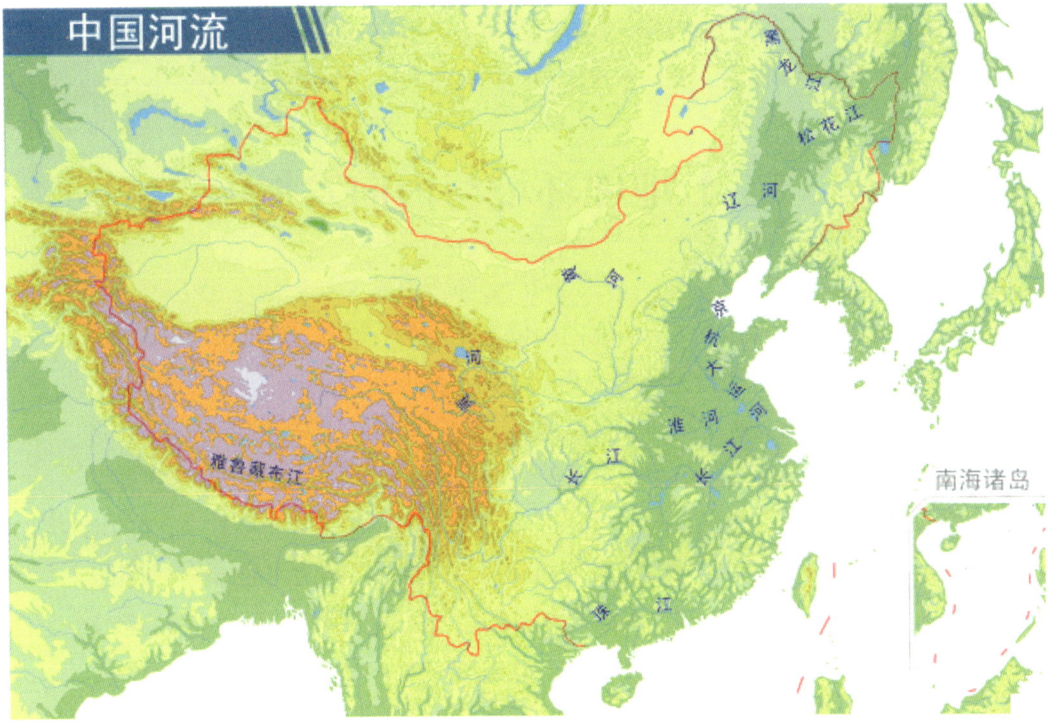

中国主要水系示意图

国气候的主要特征。夏季盛行东南风，炎热多雨，气温比世界同纬度的其他地区偏高；冬季多偏北风，寒冷干燥，气温又比同纬度的其他地区偏低。

当干冷的大陆气团与潮湿的海洋气流在中国交汇时，便产生了主要的降雨。以淮河—秦岭—青藏高原东南边缘为一线，其东与南年降水量在800毫米以上，其北与西则不足800毫米，越是西北方向，降水越少，最少的塔里木盆地不足50毫米。降水量呈明显季节变化特点，集中在夏季，南方雨季长，集中在5—10月，北方雨季短，集中在7—8月。

（二）地理环境与内向发展

中国的东方和东南方，从北向南依次是渤海、黄海、东海和南海，海岸线漫长，长期被古代的先民们视为陆地的尽头。

中国的北方，是辽阔的蒙古高原，并被中间的大沙漠、戈壁和阴山山脉分割为内蒙古（漠南）和外蒙古（漠北）两片。而在蒙古高原以北，则是东西走向长达几千公里的山脉，山脉再向北，就是寒冷的西伯利亚。特殊的地理环境使草原上的民族在寻求发展机遇时，只能向高原的南部，即黄河和长江流域的中原地区。古时生活在蒙古高原上的民族多为游牧部落，他们被中原文化所吸引，一直具有南下趋势，其中有的南下后还在中原建立了政权。

中国的东北，西有大兴安岭与蒙古高原相隔，北有小兴安岭，东有长白山山脉，再向东是浩翰的太平洋，位于这些山海之间的是辽阔的东北平原。在东北之南，沿着渤海之滨，是一条狭长的走廊。这条走廊成为连接东北与中原的一条极为重要的道路。历史上，起源于中国东北的民族，大多沿着这条走廊南下西进，寻求到富庶的中原地带发展。中原地区的汉族，也常常沿

海南三亚的天涯海角被古时的中国人视为地之尽头

着这条走廊来到东北平原，开拓新的生存之路，并将中原地区的先进文化带到这里。

中国的西北，边疆一带是难以逾越的崇山峻岭和荒漠戈壁，构成了一道天然屏障。这里北有唐努山和阿尔泰山，西有海拔在4000米以上的帕米尔高原，南有巍巍昆仑山脉，再向南是人迹罕至的青藏高原。生活在这里的各民族要想得到更好的发展，向东是最好的选择，而东部中原地区也能够为这里的发展提供必要的物质条件。古时这里的各民族通过蒙古高原和河西走廊（今甘肃西部祁连山以北的狭长地带，因在黄河之西而得名），与中原地区的交流非常密切，在文化上与中原地区形成了互补。

中国的西南，在边陲上横亘着海拔5000米以上的喜玛拉雅山脉和谷深水急的横断山脉，并与青藏高原和云贵高原相依，是古代交通最不方便的地区，“峰迹连天，飞鸟不通”。这里是中国少数民族最为集中的地区，有几十个少数民族在此生活，他们历来都以向东北的中原发展为主要取向。

地理环境使中国古代各民族向外发展受到天然的限制，有些甚至是难以逾越的，这就迫使周边各民族向内发展；而中原地区适合人类生存的一些优势和条件，如气候温和、物产丰富、文化繁荣等，则更是吸引了中国四周各民族的内聚倾向。同时，中原政权稳定的政治统治和对各民族采取的有效的政策，也促进了各民族的内向发展。

（三）“中国”一词的由来和含义

“中国”在英文中写作“china”。为什么这样写？看法不一。有的认为中国古代以瓷器闻名于世，而“瓷”在英文里即为“china”，于是人们便以此来称呼中国。还有的认为这是中国历史上第一个封建王朝秦（chin）朝的音译，代表着古代中国强大时期的特征。不管怎样，大体是通过对中国古代具有代表性的一种事物或情况的概括而转化为对一个国家的认识。

据历史学家的考证，中国的先人早在3000多年前就使用“中国”一词了，最早反映的是传说时代居住在黄河中游的部落控制的区域。在漫长的历史发展中，中国一词的内涵也在不断扩大。在古代，中国不是一个国家概念，它只是一个表现一定地域的概念。这个地域并不是国家的全部，而仅仅是指其中心部分。2500多年前的中国古典文献《春秋》中称：“中国，京师也。”同时期的另一古典文献《诗》称：“惠此中国，以绥四方。”这里的“中国”意指首都，实际上是驾驭“四方”的核心，而“四方”则是中原以外的广大地区，包括边疆各少数民族地区。

在古代，东亚这一区域整个国家的概念是以“天下”、“四海”、“海内”等词来称呼的，并与“中国”一词同时存在和使用。在古代中国人的观念中，“天下”、“四海”、“海内”既包括中原地区，也包括四边的少数民族地区。所以，在中国古代才有“得民心者，得天下”的说法，也有“天下一家”、“天下归一”的说法，还有“四海之内皆兄弟”和“海内存知己”的说法。在那时，皇（王）权被认为是高于一切的，无所不及，无处不达，统辖控制着在认识上能够到达的所有地区，正所谓：“溥天之下，莫非王土，率土之滨，莫非王臣”。因此，在古代中国，“天下”才是国家，也才是今天所说的中国。她在地域上应包括中国各民族的地区，在政权上应包括各民族建立的中原与地方政权。

节日的北京天安门广场

中国古代朝代之多，更替之频，在世界各国中少见。为表明每一朝代的正统地位，中国的历代王朝，其国号都以朝代名称命名，如“大汉”、“大唐”、“大宋”、“大元”、“大明”、“大清”等。早期西方国家在与中国接触时，有以“明国”和“清国”等来称呼中国的，也有“唐人”、“清人”等说法，这些大体上是对古代中国国家和中国人的一种印象描述。

在中国，把“中国”一词作为整个国家的名称，以此代表一个国家，成为“民族国家”概念，还是近100年来的事情。1911年中国人民推翻了最后一个君主专制政权——清朝，成立了中华民国，“中国”一词才成为具有现代国家意义的正式名称。

在今天，中国一词已成为中华人民共和国的简称。她是一个由56个民族组成的统一的多民族国家，行政区域划分如下：

全国分为省、自治区、直辖市；

省、自治区分为自治州、县、自治县、市；

县、自治县分为乡、民族乡、镇。

目前，中国有34个省级行政单位，包括23个省、5个自治区、4个直辖市和2个特别行政区。

中国的首都是北京。

中国省级行政区划简表

名称	简称	行政中心	面积（万平方公里）	人口（万人）
北京市	京	北京	1.68	1581
天津市	津	天津	1.13	1075
河北省	冀	石家庄	19.00	6898
山西省	晋	太原	15.60	3375
内蒙古自治区	蒙	呼和浩特	119.75	2397
辽宁省	辽	沈阳	14.57	4271
吉林省	吉	长春	18.70	2723
黑龙江省	黑	哈尔滨	46.90	3823
上海市	沪	上海	0.62	1815
江苏省	苏	南京	10.26	7550
浙江省	浙	杭州	10.18	4980
安徽省	皖	合肥	13.90	6110
福建省	闽	福州	12.00	3558
江西省	赣	南昌	16.66	4339
山东省	鲁	济南	15.30	9309
河南省	豫	郑州	16.70	9392
湖北省	鄂	武汉	18.74	5693
湖南省	湘	长沙	21.00	6342
广东省	粤	广州	18.60	9304
广西壮族自治区	桂	南宁	23.77	4719
海南省	琼	海口	3.40	836
重庆市	渝	重庆	8.20	2808
四川省	川、蜀	成都	48.40	8169
贵州省	贵、黔	贵阳	17.00	3757
云南省	云、滇	昆明	39.40	4483
西藏自治区	藏	拉萨	127.49	281
陕西省	陕	西安	20.50	3735
甘肃省	甘、陇	兰州	45.00	2606
青海省	青	西宁	72.00	548
宁夏回族自治区	宁	银川	6.28	604
新疆维吾尔自治区	新	乌鲁木齐	165.58	2050
香港特别行政区	港	香港	0.1104	694
澳门特别行政区	澳	澳门	0.0028	48
台湾省	台	台北	3.60	2277

注：中国内地各省级行政区人口数为2006年底抽样调查结果。香港、澳门、台湾为2005年中人口数。

（四）中国的东西南北中

中国地理形态的多样和各地气候的明显差异，不仅影响着不同区域人民的生产方式，如选择农耕、牧业、渔猎，而且还影响着人们的生活方式，如习俗、生活情趣等，甚至对不同区域人民的体格和性格也产生着影响。

谈到中国人时经常会出现南方人、北方人、东北人、西北人等说法，以示在不同的自然环境条件下人类生存发展所展现出的不同特征。

在传统中国，南方与北方，东部、西部与中部，在生产方式上有很大的不同，这种不同有的至今还存在着。总体而言，中国的南方与东部的自然条件更适合发展农业，兼有渔业；北方和西部的自然条件更适合发展牧业，兼有农业。

南方和东部主要是丘陵、平原和湖泊，大的山脉相对较少。这里气候温和，日照充足，降雨充沛，利于灌溉，宜于种植水稻，且可以一年收获两季，也便于水上运输和渔猎。特别是东南地区，历来有“鱼米之乡”的美誉。由于这里水乡遍地，居住在这一地区的人们又被称为“水上人家”。历史上这里的发展较北方更为富庶，除非发生特大水灾，否则生活相对安逸。这也造成了这一地区人口众多，村镇密集。这里的人民勤劳善良，性情温和委婉，呈现江南文化特点。

浙江嘉善县古镇西塘体现了江南水乡的特色

而在北方和西部，山脉纵横交错，高原众多，占据相当大的面积。这里大陆型气候明显，气温比南方寒冷，自然环境较南方和东部要严酷得多。历史上这里以牧业为主，并在适合农作物生长地区种植小麦、玉米、高粱等。北方的河流多季节性，有的夏季勉强可以舟楫，大多数无法航运。在古代中国，这一地区惟一的运输工具就是牲口。西北部地区地域广阔，人口较少。受严酷的自然环境影响，历史上北方地区经常会发生饥荒，生活较为艰苦，这也使得这里的人民性格粗犷豪放，坚强刚毅。

南北方人民性格的差异在中国古代文学里也得到了较充分的反映。以下是中国古代南朝（420—589年）时的一首民歌，笔法细腻，表现了一女子对爱情的忠贞，怨恨对方背约变卦，对爱情的不专一：

侬作北辰星，千年无转移。

欢行白日心，朝东暮又西。

与南朝同时的北朝（439—581年）的一首民歌，则形象地表现了北方游牧民族的生活环境，气象雄伟、豪放开阔：

敕勒川，阴山下，

天似穹庐，笼盖四野。

天苍苍，野茫茫，

风吹草低见牛羊。

在今天的中国，为促进区域经济协调发展，国家提出了推进西部大开发、振兴东北老工业基地、促进中部地区崛起、鼓励东部地区率先发展的战略。这里的西部、东北、中部、东部，是特定的地理概念。

内蒙古呼伦贝尔草原风光

中国的西部地区包括重庆、四川、贵州、云南、西藏、陕西、甘肃、青海、宁夏、新疆、内蒙古、广西12个省（自治区、直辖市），面积685万平方公里，占全国的71%；2004年人口为37127万人，占全国的28.6%；地区生产总值为27585亿元人民币，占

全国的16.9%。

中国的东北地区包括辽宁、吉林、黑龙江3个省，面积79万平方公里，占全国的8.2%；2004年人口为10743万人，占全国的8.3%；地区生产总值为15133.9亿元人民币，占全国的9.3%。

中国的中部地区包括山西、河南、湖北、湖南、安徽、江西6个省，面积102.7万平方公里，占全国的10.7%；2004年人口为36500万人，占全国的28.1%；地区生产总值32088亿元人民币，占全国的19.7%。

中国的东部地区包括北京、天津、河北、山东、江苏、上海、浙江、福建、广东和海南10个省（直辖市），面积91.3万平方公里，占全国的9.5%；2004年人口为45034万人，占全国的34.6%；地区生产总值为88433亿元人民币，占全国的54.2%。

（五）中国人之初

迄今还没有证据表明中国人的祖先来自域外。

目前能够证明中国存在的最早人类，是上世纪60年代在中国西南部的云南省元谋县发现的元谋人，距今约170万年，属于直立人。现已发现的是同一个体元谋人的两颗上门齿化石，并出土了文化遗物和带有人工痕迹的动物骨片，以及可能是人工用火的遗迹。同样是在上世纪60年代，还在中国中西部的陕西省蓝田发现了距今约80万年至60万年的蓝田人，也属直立人。

中国古人类研究的一次重大发现发生在上世纪20年代后期，这便是1927年首次在北京西南约50公里处的周口店龙骨山发现的北京人，距今约50万年至20万年，为直立人。后经多年系统挖掘，先后发现了比较完整的头盖骨六具，以及一些头骨残片和股骨、牙齿等。北京人的牙齿和颚骨缩小，脑容量增加，其体质形态，如四肢骨的大小、形状、比例和肌肉附着点等，与现代人相近，身高约156厘米。北京人的门齿的舌面为铲形，呈蒙古人种特征。在北京人的洞穴中还发现了10万多件石器、石片及大量动物化石，说明北京人已能用石器进行简单的生产劳动。同时发现了许多用火的痕迹，表明火对北京人的生存发展具有重要作用。

云南元谋人遗址纪念碑

处于原始群时期的北京人，婚姻形态还处在乱婚时期，生产能力低下，生活条件艰苦，寿命较短。北京人被发现10年后，1937年日本发动全面侵华战争，由于中国大片国土沦陷，北京人头盖骨在转移途中不幸失踪，至今下落不明。

北京人复原像

在距今20万年至10万年的“早期智人”阶段，也就是“古人”阶段，中国已发现的代表性人类化石有位于南部广东省曲江的马坝人，位于中南部湖北省长阳的长阳人，以及位于北部山西省襄汾的丁村人等。其中在丁村人的遗址中发现了二千多件石器，具有代表性的是石球和厚三棱尖状器，制作技术已比北京人进步。

山顶洞人复原像

中国的西南、西北和华北等地，都发现了距今约10万年至1万年的“晚期智人”阶段（或“新人阶段”）的人类化石和活动遗迹，其中以上世纪30年代初期在北京周口店龙骨山发现北京猿人遗址的上方的山顶洞发现的山顶洞人较有代表性。山顶洞人生活的时间距今约18000年，在体质形态上已基本消除了猿的特征，和现代的人基本相同。所制作的石器有的已相当精致，并出现了装饰品和缝补用的骨针，这说明当时已掌握钻孔、磨制等技术，具有了爱美的观念。发现的鱼骨等多种动物化石，证明了在山顶洞人的经济生活中已有渔猎和采集内容。

（六）早期的中华文明

在经历了100多万年的进化和发展之后，大约在距今8000至5000年之间，人类的活动在中国境内大多数地区都出现了。此时的人类开始走出山洞，来到平原等低洼地区，从事锄耕农业，并定居生活，由此中华文明便进入了原始时期。

水是生命之源，也是文明之源。当人类的经济活动由渔猎和采集为主转向以农耕为主时，水就更为重要了。如果说，底格里斯河和幼发拉底河产生了美索不达米亚文明，尼罗河孕育了古埃及文明，印度河造就了古印度文明，爱琴海哺养了古希腊文明，那么，黄河、长江这两条东亚大河流则滋养了中华文明。

黄河是中国的第二条大河，横贯中国北方，干流流经9个省区，流域面积75万平方公里，是中华文明的发源地，被称为中国的母亲河。在黄河流

黄河边的城市甘肃兰州

域，考古发现的文化遗址很多，遍布黄河中上游和下游。其中仅以各类文化命名的就有仰韶(河南省)文化、齐家(甘肃省)文化、大汶口(山东省)文化、龙山(山东省)文化等，每一类文化又有多处遗址发现。长江是中国第一大河，流域面积180多万平方公里，约占全国国土面积1/5，在长江中下游地区，也有多处文化遗址被发现，影响较大的有河姆渡(浙江省)文化、良渚(浙江省)文化、青莲岗（江苏省）文化等。在中国东北部的辽河流域，还发现了红山文化。大量文化遗址的发现表明，在这一时期，中国人不仅自身条件和生产、生活不断得到发展，而且活动的范围更大了。

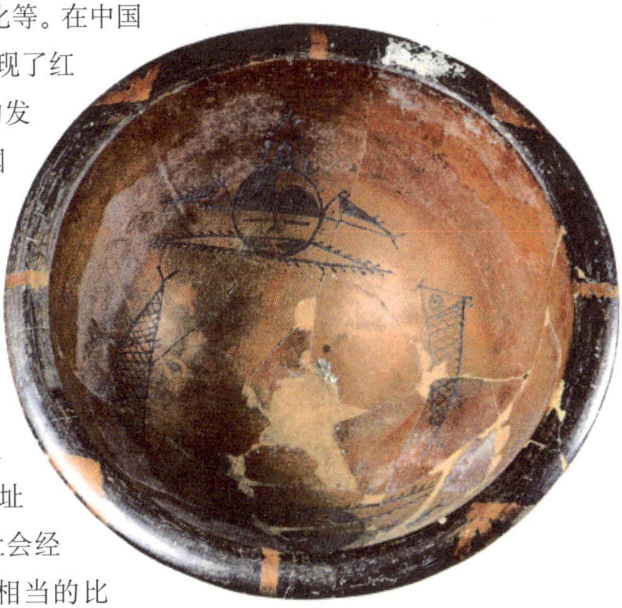

人面双鱼纹彩陶盆，约前4800-前4300年，陕西西安半坡遗址出土，属仰韶文化

农耕经济的发明和积累，是中华文明原始时期的标志。出现原始农耕文明是上述各类文化遗址所表现的共性。当时在社会经济形式中，农业已占有相当的比重，同时饲养家畜，并兼营渔猎和采集。距今5000–6000年的仰韶文化时种植的农作物主要是粟，在属仰韶文化的半坡遗址的一个灰坑中，发现的粟多达上百公斤。在反映公元前4300至前2500年的大汶口文化的一个遗址中，发现了1立方米左右的粟粒。在河姆渡文化（公元前5000–前3300年）的一个遗址中，发现大面积稻谷遗存。农业生产工具（主要是石器）也得到了长足的发展。

与农业文明紧密相关的是手工业有很大的发展，这也是原始文明产生所不可或缺的。上述遗址中发现的石器磨制得更加精致，种类也很多，有石斧、石铲、石刀等，并有专用收割谷物的石镰等。为满足人们的多种生活需要，陶器的种类也多起来。

类似文字的符号的出现，是人类文明产生的又一个重要标志。在这一时

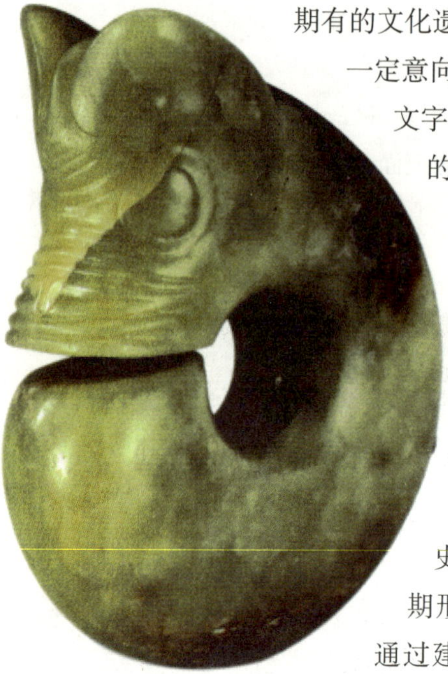

辽宁建平出土的红山文化玉猪龙，距今约5000年

期有的文化遗址出土的陶器上，出现了表示刻划者一定意向的符号，这些符号与后来中国最早的文字甲骨文颇为相似，被认为是中国文字的萌芽。

社会经济方式的变化必然导致社会组织结构的发展。农业文明的出现使人类的定居生活成为可能，而定居生活又促使了族外婚的出现，与此相关的几个血缘相近的民族组成胞族，再由几个胞族组成部落，最后由几个部落组成部落联盟。中国历史传说中的炎帝、黄帝便是在这一时期形成的部落和部落联盟的首领。他们通过建立军队并发动战争，设立必要的议事机构，以及组织部落管理部门等活动和方式，来扩大和发展部落和部落联盟，形成中国国家的雏形。

二、绵延的大一统历史

UNDERSTANDIN CHINA

夏、商、周……秦、汉……魏、晋……隋、唐……辽、宋、夏、金、元、明、清，这些都是中国古代朝代的名称，其间还有多朝代并存的情况。中国古代朝代之多和更替之频，在世界各国历史中是少见的。

中国古代的朝代更替始终围绕王权或皇权展开，旧朝代的结束便是旧王权或皇权的结束，新朝代的建立便是新王权或皇权的建立，如此周而复始了近4000年，直到20世纪初，中国才建立近代意义上的国家。王权或皇权高于一切和不可侵犯，由一姓家族统治百姓平民，是中国古代帝王政治一个基本特征。

中国古代的朝代更替始终是以汉族为主并有少数民族参与进行的，其间有统一，也有分裂，但总趋势是统一，并且始终以中原文化为主导。朝代更迭非但没有使历史传承中断，相反十分明确地体现出相传相袭的特点，保持了中华文明的完整性。在漫长的历史发展中，中华文明不断地得到继承和弘扬，一脉相承，虽然也遭到外国入侵，但未被其他文明所取代。绵延不断和大一统，是中国古代历史和世界其他国家历史的主要区别。

（一）传说中相传相袭的历史

“自从盘古开天地，三皇五帝到于今。”这是在中国经常听到的一句话，反映了中国历史从传说到真实，从过去到今天的一贯性。

“盘古开天地”，是中国古代流传下来的“创世说”，表达了古代的人们对天地起源的一种想像和认识。传说很久以前，宇宙是一团混沌。一天，有一个叫盘古的人举起大斧向黑暗劈去，随之轻又清的东西上升变成了天，重又浊的东西下降变成了地。此后，天逐渐在升高，地在加厚。为使天地不再合到一起，盘古以双手托天，以双脚踏地，在天地间支撑了18000年，最终形成了天和地，而盘古也因耗尽了力气倒地绝命。

《圣经》中有上帝创造人类之说，而在中国，传说中的中国人之母是女娲。盘古开天地后，大地荒凉，没有生机，人首蛇身的天神女娲在清澈的水池边用黄泥做成一个泥娃娃，结果泥娃娃变成了活生生的人，于是又造出了许多男人、女人。为了使人类能够永续生存繁衍，女娲还为男人和女人建立了婚姻关系，生儿育女。

“三皇五帝”，是传说中的中国人的始祖，也是中华文明的创造者，说法不一。通常认为“三皇”是指燧人、伏羲、神农；或者称天皇、地皇、人皇。“五帝”通常指黄帝、颛顼、帝喾、唐尧、虞舜。

中国上古时代的传说，大致始于氏族部落时期。相传在距今约一万年以前，一个发源于今中国西部昆仑山脉的被称为燧人氏的部落来到祁连山一带的河西走廊发展。他们发明了“钻燧（燧木）取火”，使人类食用品由生变熟，减少了疾病，并增强了御寒能力。由此开创了燧人时代，并被尊为“天皇”。

燧人氏之后，在距今约一万年至7000年前，相传是伏羲氏时代。伏羲创天文历法，饲养牲畜，培育谷物，发明文字，是上古时期中国自然人文科学的集大成者，因此受到当时各氏族的拥戴，成为百王之首，被尊为“人皇”。传说这一时代天上破了一个大洞，造成天下大乱，洪水、大火等灾害使人们无法生存，为拯救人类，女娲烧炼了五色石，历尽艰辛把天补好了，使天下重新恢复了安宁。这便是中国古代流传的“女娲补天”的故事。

女娲伏羲图

传说继伏羲氏之后，在距今约7000到6000年前，出现炎帝部、黄帝部、蚩尤部等有影响的部落联盟。炎帝部居于姜水流域(相当于今陕西省以东地区)，以姜为姓。炎帝即神农氏，为中国远古时代农业和医药的发明者，教民使用农具和耕种，并曾尝百草，发现药材，教人治病。由于神农氏悉地力，植五谷，也被尊为“农皇”，而农又以地为本，所以又被尊为“地皇”，是中国农耕文化的创始人。黄帝部居于姬水流域(生活区域大致与炎帝相当)，以姬为姓，号轩辕氏、有熊氏。黄帝部也有许多有才能的人，有很多发明，相传发明了养蚕、舟车、文字、音律、医学、算术等。蚩尤部也称九黎，居于长江与淮水之间。在各部落和部落联盟中，由于炎帝、黄帝两部落联盟居于主导地位，发明创造对后世影响重大，因此，“炎、黄”也就代表了中华民族的祖先，中国人便自称为炎黄子孙。直至今日，每年春天，中国人都要在位于今陕西省内的黄帝陵进行祭祖。

黄帝之后，在距今约4000年前，洪水频发，水患严重，危及人类生存，中国民间流传的“大禹治水”的故事便发生在这个时期。相传当时大雨倾盆，洪水滔天，百姓受难，饿殍千里，居住在黄河中游的一个历史悠久的部落首

农历九月初九的祭黄帝陵大典

领鲧曾奉命治水，但因治水无力，被舜帝杀死，并命鲧之子禹继续治水。禹汲取了父亲治水的教训，把以堵为主改成以疏为主，不仅消除了洪水之灾，还为发展农业生产创造了有利条件。每每为后人称赞的是，禹在外治水十几年，多次过家门而不入。

广州越秀公园里的大禹治水雕塑

中国古文献记载的尧、舜、禹“禅让时代”（平稳并顺利地将权力转让给其他氏族部落首领），也出现在此时。尧为部落联盟领袖，在他年老时，选择舜为继承人，并经部落首领会议同意，传位给舜。后来舜又传位给禹，禹实际已是帝王，国号夏。

（二）古代国家共同体的形成

夏、商、周，在中国被称为“三代”，是中国先民的命运共同体，也是古代中国的早期国家。

中国古代历史上第一个具有国家性质和意义的政权是夏朝，出现在约公元前2070年至前1600年之间。夏是一个奴隶制国家，其建立标志着中国历史正式进入文明时代，开创了以后历代王朝由一家一姓世袭的先例。夏源于夏族，本是居于黄河中游的一个古老部落。禹即位后，夏的势力不断发展。夏朝的中心地区在今中国河南西部和山西南部。夏时，被征服的氏族或部落的土地归国有，居民则抑为奴隶。禹死后其子启夺得王位，他废除了原有“禅让”制，开始了王位“世袭”制。此举对中国历史影响重大且深远。夏朝的最后一位君主是桀，他荒淫残暴，曾自比为太阳，说太阳不会熄灭他就不会灭亡。后来东方商族首领汤率兵伐桀，夏亡。

商代四羊尊

商朝（前1600—前1046年）是中国历史上第二个奴隶制国家。商族是居住在黄河下游的一个历史悠久的部落，在夏建立国家组织时，商也建立了较强的部落联盟。商汤灭夏后，建立商王朝，统治区进一步扩大，疆域比夏扩大了许多，其中心地区在今中国河南东北部、山东西南部和河北南部。商的国家机器比夏有了发展，有行政机构、军队、刑法和监狱等，实行野蛮的奴隶制。商王是最高统治者，独揽大权。商时青铜冶炼技术有了相当进步，青铜器在人们生活中得到广泛使用。以青铜为原料制做的鼎，是煮食物用的器具，有圆形三足的，也有方形四足的。在中国传统文化中，鼎是王位、帝业、权力的像征，也喻示国泰民安、兴旺发达。商曾多次迁都，到商王盘庚时迁至殷（今河南安阳附近），始定居下来。由此，在中国古代文献上又常有“殷商”的提法。商朝后期因连年用兵导致国力衰弱，终被经多年准备发展壮大起来的周族趁机灭掉。

安阳殷虚出土了1.5万片以上的甲骨卜辞，是中国发现最早的文字

商时中国古代文明的重大进步是有了成熟的足够数量的文字——甲骨文。甲骨文是现存的中国最古的一种成熟文字。甲骨文的意义是无与伦比的，标志着中国历史进入了有文字可考的时代，代表着人类一大文明体系的正式形成，至今仍是东亚汉字文化圈的共同财富。

与夏、商两族同样有着悠久历史的周族灭商后，建立起了新的领主制国家——周。在中国历史上，周又分西周（前1046－前771年）和东周（前770－前256年）两个时期。西周定都于镐京（今陕西西安西南）。西周时，周王是最高统治者，既是中央机构的首领，又是诸侯的共主。西周实行“分土封侯”制。周王把国都附近的地区划为王畿，由王室直接统辖，而王畿以外的广大地区则分封给王亲、功臣和部落首领等诸侯，

西周时的大盂鼎

西周的玉琮

各建邦国。初封诸侯时，各诸侯国与周王室的关系较紧密。与分封制相关，西周时土地属于国家所有，不得买卖，历史上称为“井田制”（田地被阡陌、沟渠、道路分割为若干方块，很像汉字“井”。在今天中国的平原地区仍可见到）。西周的农业、手工业、商业较之商朝都有了发展，其疆域西到今中国甘肃东部，东至海滨，南到淮水流域，北到河北北部和辽宁西南部。

公元前770年，周王室因内部争权导致分裂，迁都洛邑（今河南洛阳）。至此，西周结束，东周建立。因洛邑在镐京之东，史称东迁之“周”为东周，原都于镐京之“周”为西周。中国历史上记载东周前半段时间史事的主要著作是《春秋》，后人也称这段历史为“春秋时期”（前770－前476年）；又因东周后半段时期七个主要诸侯国之间不断地进行战争，又称这段历史为“战国时期”（前475－前221年）。东周时，诸侯与王室关系开始疏远，周王室权力日渐式微，出现诸侯割据争霸局面，演绎了“春秋五霸”、“战国七雄”的历史故事。春秋和战国时期是中国历史上的一个乱世，也是思想文化较为活跃的时期，出现了孔子、老子、墨子、孟子、荀子、庄子、孙子、屈原等一大批思想家、政治家、文学家、军事家，史称“诸子百家”。对日后中国影响重大的儒家、道家、法家等思想学派，均产生并形成于这一时期。

结束分裂局面，统一中国的是诸侯国中的秦国。

（三）中华帝国的初次统一与分裂

公元前221年至公元220年的秦、汉时期，是中国古代国家的第一次统一期，也是第一次繁荣期，对后世影响深远。汉（前206－公元220年）以后，中国的中央集权国家由统一走向分裂，并在长达近400年的时间里出现了多朝代并存的局面。

秦（前221—前207年）是中国历史上第一个君主专制朝代，确立了皇帝制度和帝国体制。第一代秦王嬴政即位时年仅13岁，他推行富国强兵政策，采取阻止诸侯国联合和各个击破的战略，在其即位的第26年（前221年）统一了中国，在位于中西部的咸阳(今陕西咸阳)建都，并在全国范围内建立了中央集权的专制国家。自秦以后的中国古代社会里，各种势力都把做皇帝、另立朝代作为目标。

秦朝建立了比较完备的中央政权组织；废除了“封诸侯”制度，实行郡县制度，最终把全国分成41个郡，由郡守掌管政事，郡下设县；统一了货币、度量衡、车轨和文字。与中国古代其他朝代相比，秦朝的历史并不长，统治全国的时间只有短短的15年，但对中国历史的影响却是深远的，最重要的是奠定了中国政治、经济和文化的“大一统”基础。秦实行暴政，这也决定了

秦始皇雕像和位于陕西临潼的秦始皇陵

其只能是一个短命政权，传至第二个皇帝秦二世时便因农民起义发生天下大乱，最后被汉取代。

秦王嬴政堪称千古一帝，对中国历史的发展作出巨大贡献。他结束了国家长期的分裂割据局面，建立了中国历史上第一个统一的多民族国家。但同时他又是一位狂妄自大、专制暴虐的君主。他认为自己德高“三皇”，功过“五帝”，所以将“皇”与“帝”一并加在自己的头上，称作“皇帝”。他自称“始皇帝”，期望子孙继位，为二世、三世，至千万世，传之无穷。在他对全国的12年的统治中，严刑苛法，租役繁重，大兴土木，常年用兵，人民不堪重负，苦难深重。他将不利于秦统治的书籍烧毁，将发表不利于秦统治言论的读书人活埋，这便是中国历史上有名的“焚书坑儒”事件。他通过苛暴的徭役征发组织了多项规模巨大的工程，这其中包括征招几十万人参加修建的万里长城和为自己修建的工程浩大的陵墓即秦始皇陵（著名的秦兵马俑即是其一部分）。

汉是继秦之后中国历史上建立的第二个由一姓家族（刘姓）执掌的君主政权。汉因在公元25年重新建立政权并迁都，中国历史上又把汉分为西汉（前206—公元25年）、东汉（25—220年）两个时期。西汉王朝的建立者是汉高祖刘邦。西汉定都于长安（今陕西西安）。西汉基本上继承了秦王朝的各项制度，加强中央集权，并总结秦亡教训，推行“与民休息”政策。汉初让大批士兵退伍回家，减免他们的徭役，并采取压抑商贾的政策，鼓励发展农业，使社会稳定，经济发展，出现了中国历史上第一个盛世。西汉后期社会矛盾加剧，农民反抗运动不断，并且在西汉政权内部出现了外姓篡夺皇权行为，由此引发战争，最终在汉室成员刘

东汉光武帝刘秀

秀的带领下重新夺回刘姓政权，建立了东汉王朝，定都于洛阳(今河南洛阳)。东汉末年，发生了中国历史上有名的黄巾大起义（起义者头戴黄色围巾），各方势力趁机而起，军阀割据混战，天下分崩离析，东汉王朝名存实亡。东汉在外交上有很大的发展，公元57年日本派使臣到中国，中日交往从此开始,还有名将班超出使西域(汉时指现在甘肃玉门关以西的新疆和中亚细亚等地区)。

汉代第一位皇帝汉高祖刘邦出身于平民阶层，曾在秦朝基层政权任职。他雄才大略，知人善任，不拘一格选拔人才，开创了中国历史上一个新的局面：庶民皇帝，布衣将相。他身边的文臣武将大多出身低微，改变了上古以来的世卿世禄制度，为后世效法。

东汉后期，军阀混战，各派力量为争夺天下相互厮杀，经过长期较量，形成了魏、蜀、吴三国（220—280年）鼎立局面。三国中魏政权的奠基人是中国历史上有名的政治人物曹操，他重新统一了中国的北方，其子曹丕于220年废掉东汉最后一个皇帝（汉献帝），自立为帝，改国号为魏，定都洛阳(今河南洛阳)。以恢复汉家天下为号召的刘备，于221年在地处西南的成都（今四川成都）称帝，国号汉，史称蜀或蜀汉，即三国中的蜀。中国历史上著名军事家诸葛亮即为蜀国丞相。229年，位于中国东南部的另一力量代表孙权称帝，国号吴，定都建业（今江苏南京），为三国中的吴。

三国之后，中国历史上有西晋（280—316年）、东晋（317—420年）两个王朝，因为都是一姓家族（司马氏）的王朝，所以又统称晋；又因前后定都不同，一个定都北方洛阳(今河南洛阳)，一个定都江南建康(今江苏南京)，所以又称西晋、东晋。晋政权产生于魏政权，司马氏家族多年为魏政权重臣，最终通过朝庭内部斗争夺取天下。西晋军事力量强大，于公元280年灭掉三国中的吴国，结束了东汉后长达九十年的分裂割据局面，短暂统一中国。至东晋时，中国又陷入分裂之中。

（四）中华帝国的再次统一与分裂

公元581年至907年的隋唐时期，是古代中国历史上第二次统一期，出现了新的盛世，中华帝国空前强大。

结束几百年分裂局面重新统一中国并建立中央集权国家的是隋（581—618年）。隋朝的开国皇帝杨坚，曾是北朝最后一个政权北周的重臣，通过控制北周政权当上皇帝。杨坚于公元581年改国号为隋，定都长安(今陕西西安)。隋巩固了北方之后，便出兵灭掉了南方政权陈，结束了历史上的南朝。隋朝存在的时间很短，不到三十年，仅比秦朝长十几年。如同秦，隋结束了中国长期分裂的局面，为日后唐朝的发展奠定了重要基础。也如同没有秦便没有汉，没有隋也便没有唐。隋在中国古代有许多创举，如创立对日后影响深远的科举制度，开辟了士人参与政权的新途径。又如开凿大运河，为中国南北的经济、文化交流和巩固国家统一起到了巨大作用，至今仍是中国南北

古老的运河与沿岸的现代建筑

交通的重要运输线。隋朝的第二位皇帝隋炀帝骄奢淫逸，好大喜功，大兴土木。他曾征发民夫一百多万人修建水渠，十天中死者十之六五。隋炀帝的暴政致使国力衰竭，民怨沸腾，反抗不断，最终失去天下。

取代隋的是唐。唐朝是中国历史上最强盛的统一的中央集权王朝，也是统治时间最长的王朝之一，历时289年（618—907年）。唐朝的历史分为前后两个时期，前期国力强盛，文化繁荣，后期社会动荡，民生凋敝。唐的开

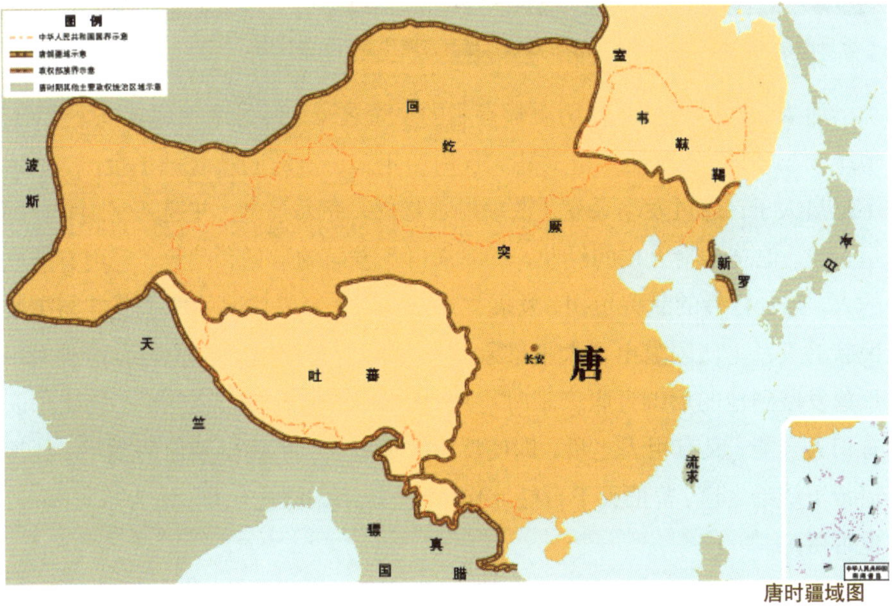

唐时疆域图

国皇帝是李渊，他曾是隋朝的重臣，掌握大权，在隋末反抗运动中趁机夺取权力，自立为帝，改国号唐，定都长安（今陕西西安），并统一了全国。唐时中国古代的思想文化艺术成就达到一个新的高度，佛教、道教、伊斯兰教并存，出现了李白、杜甫、白居易等伟大的文学家，天文、历法、医学、建筑等也有了新发展。唐时，恢复了中西商路，远近40多个国家的使节来到长安，与唐朝通好。唐成为当时世界上最强大的国家。755年，唐朝的两位将领安禄山和史思明发动叛乱，后虽被平定，但唐朝中央权力从此日益削弱，新的地方割据局面出现，朝庭内部争夺权力的斗争不断加剧，逐渐失去对全国的控制权。唐末，爆发了波及大半中国的农民大起义，地方势力借机而起，于907年唐被梁取代。

北宋画家张择端的《清明上河图》描绘了当时京城汴京的市井生活

唐太宗李世民是中国历史最有名的皇帝之一，曾为唐朝建立立下大功。他统领三军，大权在握，帮助其父仅用四年多一点时间就统一了全国。他本不是皇太子，通过发动兵变，亲手射杀哥哥，夺太子位，并逼其父退位，即皇帝位。他总结隋灭亡的经验，听取来自各方面的意见和建议，重用有能力的人，减轻百姓的赋税负担，发展生产，并且比较成功地处理了汉族与少数民族的关系，使国家出现太平景象，这就是史称的“贞观之治”。这种太平景象发展到他的后继者唐玄宗时达到了高峰，史称“开元之治”。唐太宗既有识人之能，又有用人之量，即使反对过他的人，也能得到他的重用。他深谙帝王统治之道，曾把天下百姓比作水，把统治集团比作舟，认为水可载舟，也可覆舟。

唐朝灭亡以后，古代中国又一次进入了50多年的分裂期。在北方中原地区相继出现了梁、唐、晋、汉、周五个朝代。为了与历史上先存的同名称朝代相区别，这五个朝代在中国历史上又被称为后梁、后唐、后晋、后汉、后周，其存在时间自公元907年到960年，只有五十三年。与此同时，在南方和个别地方也相继建立了一些小的朝代，因为共计有十个，中国史书上又称之为“十国”，其存在时间自公元891年到979年，共88年。中国的史学家通常把上述这些朝代称为“五代十国”。唐以后，中国的政治中心开始由中西部向东中部转移。

宋朝（960—1279年）是上承五代十国的政权。根据首都及疆域的变迁，宋又分为北宋（960—1127年）和南宋（1127—1279年）两个时期，中国历史上也称“两宋”。宋的开国皇帝宋太祖赵匡胤于公元960年通过兵变夺

取皇权，改国号宋，定都汴京（今河南开封），史称北宋。公元1127年，在汴京建立的政权被北方的金所灭，并在南方的临安（今浙江杭州）重新建立政权，史称南宋。北宋初期，基本上统一了中国的南方，并对全国大部分地区实施着有效统治。

宋太祖赵匡胤原本是后周禁军的高级将领，通过被其部下黄袍加身并发动兵变夺取政权。当上皇帝后，为了避免自己的故事重演，他决定想办法削弱将领们的权力。经过精心设计，一次，他设宴款待追随他多年并为他建立赵家天下立下功劳的将领们。席间，他叹息道："多亏各位扶持，我才有今天，你们的功德，我永远都忘不了。可是你们哪里知道，做天子还不如做节度使快乐。"众将不解其意，惊问何故，他答道："这有什么不明白的，有谁不想当皇帝？"众将忙说："陛下何出此言？如今还有谁会有二心呢？"他平静地说："未必吧？就算你们没有二心，难保你们的部下没有贪图富贵之人。一旦他们把黄袍加到你们的身上，只怕也不由得你们了。"众将吓得连忙回答说："臣等愚昧，恳请陛下给我们指点一条出路。"他说，"各位不如解去兵权，多买良田宅院，尽情享受一番。我们君臣无猜，相安无事，岂不很好？"第二天，众将纷纷上书称病辞官，他当即同意，并赏赐给他们大量钱财。这便是中国历史上有名的宋太祖"杯酒释兵权"故事。

宋朝也是中国历史上经济与文化、艺术、教育最繁荣的时代之一，科技发展、政治开明，甚至有西方学者认为宋朝可以称是中国历史上的文艺复兴与经济革命时期。宋朝时与中国通商的国家有50多个。

（五）中华帝国的第三次统一

取代宋朝的是元朝(1206–1368年)，中华帝国由此进入第三次统一期。经元、明、清三朝，帝国再创辉煌，直到18世纪末19世纪初开始走向衰落。

元朝是中国历史上第一个由少数民族在全国范围内建立的中央政权。公元11世纪前后，蒙古部落在中国北部蒙古草原上迅速崛起。1204年，生于蒙古贵族世家的铁木真统一了蒙古草原。1206年，铁木真被推为全蒙古的大汗，尊称为成吉思汗，并建立了蒙古汗国。蒙古汗国前期凭借其强大的军事实力，多次向西方的中亚和欧洲进军，并消灭了西夏、金、大理（北方和西南地区的少数民族政权）等政权，降服了吐蕃（中国古代藏族政权），领土不断扩大。1271年，成吉思汗的孙子忽必烈废弃“蒙古”国号，改国号为“大元”，并于第二年宣布建都大都（今北京），尊成吉思汗为元太祖，忽必烈称元世祖。自此北京成为元、明、清三代的都城。中国的政治中心也由南向北转移。1279年，南宋被元亡。多个政权长期并立的局面结束，中国又实现了新的统一。

元大都遗址

取代元朝并当上新朝代开国皇帝的是朱元璋，即明太祖。公元1367年，他在元末各种力量较量中取得政权，正式即皇帝位。第二年，建国号大明（1368—1644年），明朝最初定都在应天府（今江苏南京），并改大都名北平。公元1421年，明朝

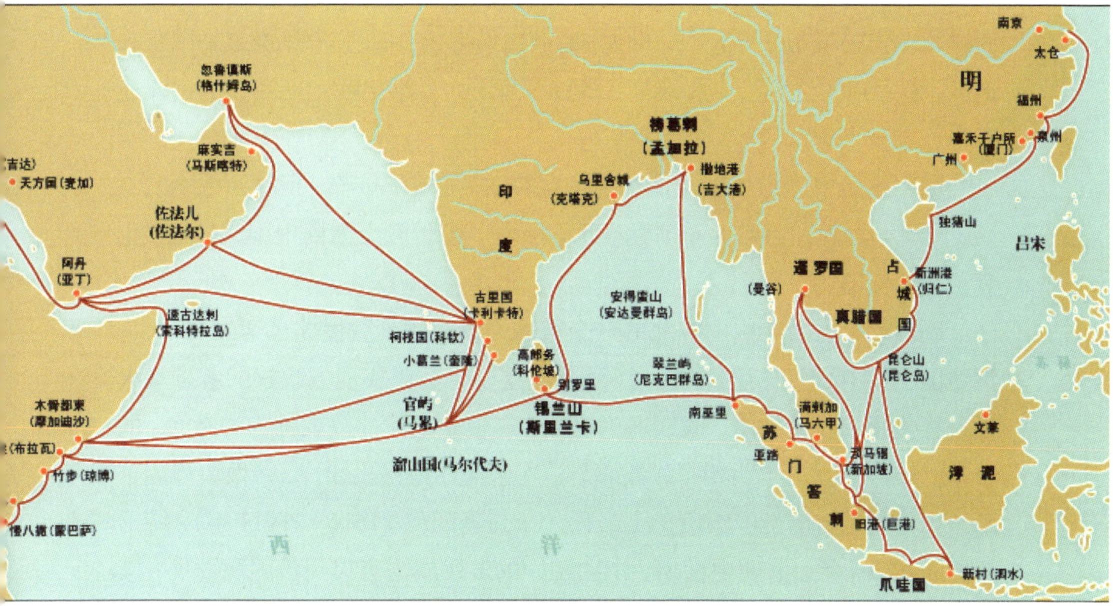

郑和下西洋路线图

一位很有作为的皇帝明成祖朱棣将都城从南京迁到北京，以便有利于巩固北部边防，进一步控制东北地区。明时，北方的长城继续得到修建和巩固，成为防御外族入侵的一道重要屏障。自元代以来，北京城的建设继续发展，故宫即建于这一时期。帝王们也没忘记自己死后寝宫的建设，位于北京北部的明十三陵也开始建于这一时期。

明太祖朱元璋出身贫寒，儿时曾行乞，少时做过僧，因英勇善战、足智多谋，并广结各方能人志士，在元末农民战争中脱颖而出。他采纳“高筑墙，广积粮，缓称王”的建议，经过苦心经营，建立了一支强大的队伍，并最终依靠这支力量战胜各方异己势力，夺取天下。他通过制定新法，整顿纲纪，改革行政机构，进一步加强封建中央集权。为了加强对臣民的监督控制，他还设立特务组织，如巡检司和锦衣卫，监视官员的活动。朱元璋是中国历史上最残暴的君主之一。为防止他人觊觎朱家天下，他大肆诛杀功臣，其中最多时一次共杀3万多人，开国的元勋宿将，几乎一网打尽。据史书记载，他长相丑陋，一些老实的画师因不能将其画为美男子，结果死于其刀下。

对世界航海事业产生重要影响的郑和下西洋，发生在明时。为加强与海外诸国的友好联系，明成祖派信奉伊斯兰教的官员郑和(1371–1433年)出使西洋，从1405年到1433年，郑和先后七次航海，访问过亚非30多个国家和地区，最远到达红海沿岸和非洲。郑和下西洋的壮举比欧洲航海家的远洋航行早了半个世纪。

明朝也是中国历史上经济和文化比较发达的阶段。当时正是西方文艺复兴、地理大发现和宗教改革时期。西学随着一些传教士来到中国，东西文化有了初始交流。

明后期，生活在中国东北的一个被称为满族的少数民族迅速发展壮大。清建国于1616年，初称后金。1636年，这个少数民族地方政权的首领皇太极自称皇帝，改国号清，改族名为满洲，这便是把清的政权称为“满清”的由来。1644年，由于明朝将领投降，清军入关(山海关以内)，并很快稳固了对全国的统治。清是中国历史上最后一个封建朝代（1616—1911年)，统治全国长达267年。清朝中前期，中国统一的多民族国家得到巩固和发展，康熙、雍正、乾隆等是中国历史上很有作为的皇帝，他们平定地方叛乱，统一台湾，统一新疆和外蒙古，设置驻藏大臣，反对外族侵略，基本上奠定了今天中国疆域的规模。

康熙皇帝读书坐像

康熙是中国古代社会晚期一位很有作为的皇帝，他登基执政的时间与法国国王路易十四临朝亲政的时间相当，而且他们有许多相似之处：皆为幼年称帝、天资聪颖，都有着同样的雄才伟略，都在半个多世纪时间里牢牢控制着中央政权，进行着专制统治，并且把自己的国家带入历史上一次新的鼎盛时期。康熙8岁登极，在位61年，是中国历史上有文字记载以来在位时间最长的君主，也是中国历史上少有的嗜书好学的帝王。他是中国帝王中最早接触西方近代科学知识并对西方科技最感兴趣的人。

清代宫廷画家意大利人郎世宁绘《乾隆大阅图》(局部)

乾隆是中国古代历史上最后一位很有作为的皇帝。他是康熙的孙子，25岁当上皇帝，在位60年，当太上皇4年，享年89岁。他是中国历史上最长寿的皇帝，也是中国历史上执政时间最长的皇帝，实际执政长达63年。在中国历史上，乾隆是一位文化型皇帝。他主持编修了中国历史上著名文献巨著《四库全书》。此项工程动用了4186人，长达20年，对保存中国文化是一大贡献。北京现存的许多清代皇家宫殿园林，都与乾隆的维护、兴建有关，如颐和园、圆明园和天坛祈年殿等，如今多成为世界文化遗产。乾隆本人也是一位多才多艺的皇帝，他勤奋好学，擅书画，兼长诗文，他每天有多余时间必做三件事：作书、作画、作诗。他一生留下42600多首诗，可谓前无古人，后无来者。

清朝中后期，正是中国农业文明走向尽头而西方国家开始资本原始积累并疯狂进行海外殖民扩张时期，中国与西方发生了长达一个多世纪的碰撞和冲突。最终农业帝国无力与船坚炮利的资本帝国对抗，君主专制制度也在人民的选择中退出历史舞台。

（六）多民族共同缔造的国家

多元一体，多民族的大一统，是中国国家的一个显著特征。

中国的疆域和版图，是中国各民族共同开发的。华夏族最早开发了黄河流域的陕西、甘肃等地和中原地区；东夷最先开发了沿海地区；苗、瑶族最先开发了长江、珠江和闽江流域；藏、羌族最先开发了青海、西藏；彝、白等民族最先开发了西南地区；满、锡伯、鄂温克和鄂伦春等民族的祖先最先开发了东北地区；匈奴、突厥、蒙古等民族先后开发了蒙古草原；黎族最先开发了海南岛；高山族最先开发了台湾。

历史上，占中国人口多数的汉族，主要生活聚居在黄河、长江中下游流域的中原地区。这里气候温和，土地平坦且肥沃，宜于农耕。而中国的少数民族，大多分布于周边地区。这些地区的自然地理条件较之中原地区要复杂得多，多草原、沙漠、森林、高原、高山、丘陵、湖泊等，宜于牧业、狩猎、渔业。各个地区相比，中原物产最为丰富，经济文化最为发达，而各边疆地区的经济则比较单一。生产和生活的需要，使得各边疆少数民族都有与其他地区，特别是中原地区进行经济交流的迫切愿望。这种经济上的联系，形成了一种自然的凝聚力，驱使周边少数民族向中原发展。历史上活跃在北方蒙古草原的许多民族，为打破游牧经济比较单一的限制，寻求生存发展，纷纷南迁来到中原地区，学会农耕，并过上定居生活。在南下过程中，有的北方游牧民族还曾建立过显赫的王朝，如鲜卑人的北魏，以及蒙古人的元朝等。南下和建立王朝的过程，也就是融入中原和汉化的过程。

中国的统一始终以中原地区为中心，以汉族为主体不断扩大和巩固，而汉族又是在融合各民族的过程中得到发展的。早在距今四五千年以前，生活在中原黄河流域的夏、商和周族（汉族的祖先），吸收了生活在北方和东方的夷、羌、狄、苗和蛮等族的成分，演化成了华夏族，并建立了国家政权。

秦、汉时期，华夏族吸引了更多其他民族的成分，形成了汉族。隋、唐前后，随着北方一些民族入主中原建立政权，各民族融合进一步发展，鲜卑、羯、氐、羌和匈奴等民族已完全融入汉族。少数民族在语言、服饰、风俗习惯和民族心理等方面吸收汉族文化，汉族也吸收了胡服、胡食、胡乐、胡舞等少数民族文化。在中国历史上有重要影响的北魏孝文帝改革，通过发布命令，要求鲜卑族学汉语，穿汉服，改汉姓，鼓励与汉族通婚。清朝建立后，满族

中国历史纪年表

夏	公元前2070—前1600年
商	公元前1600—前1046年
西周	公元前1046—前771年
东周	公元前770—前256年
秦	公元前221—前206年
西汉	公元前206—公元25年
东汉	公元25—220年
三国（魏、蜀、吴）	公元220—280年
西晋	公元265—317年
东晋	公元317—420年
南北朝	公元420—589年
隋	公元581—618年
唐	公元618—907年
五代	公元907—960年
北宋	公元960—1127年
南宋	公元1127—1279年
元	公元1206—1368年
明	公元1368—1644年
清	公元1616—1911年
中华民国	公元1912—1949年
中华人民共和国	1949年10月1日成立

唐代著名画家阎立本所画的《步辇图》，以公元641年吐蕃首领松赞干布与唐文成公主联姻为背景，表现了唐太宗接见前来迎娶文成公主的吐蕃使臣禄东赞的情景

人大量进入中原地区，在其后不到三百年的时间里，基本被汉化。

在中国古代完备的中央集权制度下，各朝代都建立了一套如何处理中央政权与地方少数民族政权关系的办法和措施，保证了多民族国家的团结统一。其中册封与羁縻州府制度，是古代中国中央政府处理与边疆少数民族政权关系的一种基本政治制度。这一制度具有自治或半自治色彩，通过怀柔、抚绥的办法，采取通使、和亲、册封、互市等政治经济手段，区别对待，不激化矛盾，适应各少数民族地区经济与文化状况，达到维系多民族国家统一的目的。两千多年间，不管王朝如何更迭，不管哪个民族掌握中央政权，都实行这种政治制度。这一制度既有助于打破民族间的隔阂和地区间的分裂割据状态，又有助于每个民族内部和不同民族之间的政治凝聚力的形成。

三、传统的思想文化与社会

UNDERSTANDIN CHINA

中国的传统思想文化，是指中国建立近代国家前自身的整体价值观念和文化形态。中国传统思想文化自成体系，基本上是一种固有的思想文化，有着独特的精神。在漫长的历史发展中，虽然域外文化也渗透至中国，但未曾撼动中国固有的思想文化，相反，一些外来思想文化却因受中国传统思想文化的影响而发生变化。中国的传统思想文化，决定着中华民族的精神和性格，影响着中国社会的发展。

（一）儒家思想及其正统地位

中国古代的思想流派，通常被称为“诸子百家”，如孔子、孟子、老子、庄子，以及儒家、道家、法家、墨家等，而这些诸子百家又多产生于秦朝之前，所以又被称为“先秦诸子百家”。

中国传统思想文化常常被概括成儒、释、道三家，其中儒家处于主体地位。中国古代社会历朝历代治国理念、国家政治制度构建、社会道德规范，以及人们安身立命的标准，基本都是以儒家思想文化为依据。儒家思想文化对中国社会影响深远，对东亚的朝鲜半岛和日本也产生了重要影响。

中国古代的“儒”字最初指举行仪式的主持者，后来演变成对具有知识的人的通称。古代的儒者，大体相当于今天的老师。

儒家是孔子(约前551－前479年)开创的一个学派。孔子是鲁国人(今山东曲阜一带)，春秋末期思想家、政治家、教育家。孔子整理并编写了中国上古时期重要文献——“六经”，即《诗》、《书》、《礼》、《乐》、《易》、《春秋》，也称“六艺”。孔子思想的精华主要体现在其弟子编写的他的言论集《论语》中。“仁”与“礼”是孔子思想的核心内容。在孔子的思想体系中，“仁”表现了多方面的伦理道德价值，其核心是“爱

孔子像

人”，做到“己欲立而立人，己欲达而达人”，“己所不欲，勿施于人”。孔子时期，中国社会正发生重大变革，周王室地位式微，诸侯国力量强大。孔子认为这是一个礼崩乐坏的时代，必须改变。为此，他特别强调要“克己复礼”，也就是要从每个人自己做起，遵守所属等级的礼仪规范，自觉地恢复礼。孔子认为，礼是规范人们行为的制度，能够调整人与人之间的关系，做到和谐有序，也就是“礼之用，和为贵”。

孔子是中国历史上第一个私人办学的教育家，被后人尊称为“孔夫子”、“至圣先师”。相传孔子有弟子三千，其中的七十二位较为优秀。孔子的许多思想，是在回答弟子的问题时提出的。孔子留下了许多宝贵的教育思想，对后世影响深远。在今天的中国，人们还在不断使用孔子留下的许多劝学名言，如“学而不思则罔，思而不学则殆”、“三人行必有我师”、“学而时习之，不亦说乎？”等等。

孟子像

稍晚于孔子并对儒家学说有重大贡献的是孟子。孟子（约前385－前304年）是战国时期思想家、政治家、教育家，其著作《孟子》是儒家重要经典。孟子一生推崇孔子，不遗余力地传播孔子思想，被后世尊称为“亚圣”，儒家学说因此而被称为“孔孟之道”。孟子发展了孔子思想，提出“仁政”理论。他认为统治者只有施仁政，才能得到人民的拥护，这里的“仁政”，就是行“王道”，做到“以德服人”。他将天时、地利与人和相比较，得出的结论是，人和是统治者成败的决定因素，为此，他坚决反对暴政，反对以力服人。在人性问题上，孟子主张性善论，认为人性原本是善的，人生来都有最基本的共同的天赋本性。孟子的性善论对中国传统社会影响很大，中国古代著名的启蒙课本《三字经》第一句话便是“人之初，性本善”。

几乎与孟子同时而对儒家学说作出了重大贡献的另一位思想家是荀子

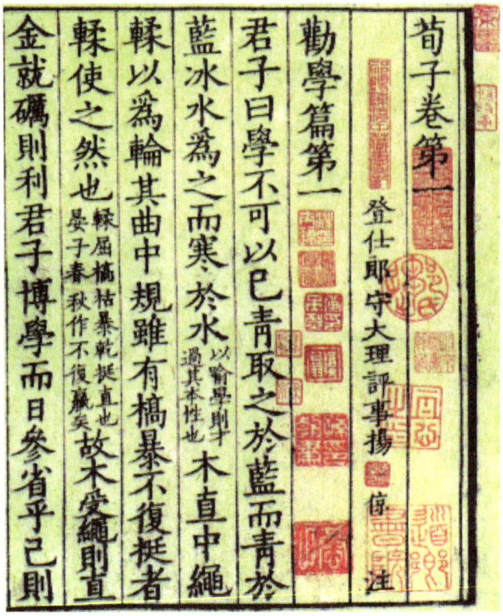

荀子卷第一

登仕郎守大理評事楊倞注

勸學篇第一

君子曰學不可以已青取之於藍而青於藍冰水爲之而寒於水以喻學則才過其本性也木直中繩輮以爲輪其曲中規雖有槁暴不復挺者輮使之然也輮屈槁枯暴乾挺直也晏子春秋作不復贏矣故木受繩則直金就礪則利君子博學而日參省乎己則

《荀子》书影

(约前318–前238年)，其思想集中在《荀子》一书中。荀子发展了孔子“礼”的思想。他认为，“人无礼则不生，事无礼则不成，国家无礼则不宁”。“礼”作为等级制度和社会规范，对于人生、社会和国家是不可缺的。荀子还提出了著名的“舟水之喻”。他说：“君者，舟也；庶人者，水也。水则载舟，水则覆舟。”在人性问题上，荀子反对孟子的性善论，主张性恶论。

儒家思想在中国秦朝以前已经形成，但并没有得到统治者的支持。汉武帝(前140—前87年）在位时，实行“罢黜百家，独尊儒术”的思想文化政策，儒家思想从此成为正统思想。宋朝和明朝时期，儒家思想得到进一步发展，出现了“理学”（强调天理）和“心学”（强调良心）。理学与心学是在新的时代背景下对先秦儒学的回复和创新，因而又被称为新儒学。这一思想把孔子、孟子提出的道德规范进一步和天道联系起来，对人的本质、人在宇宙中的地位、人与宇宙的关系进行了全面论证，并强调人对精神生活的追求和心灵境界的提升，从而丰富了儒家思想的伦理内涵。

（二）道家思想与道教

在中国传统思想文化中，道家思想的地位和影响仅次于儒家思想。“道家”思想在中国先秦以前便出现了，但“道家”这一名称的出现是在西汉初年，当时被称为“道德”学派，也称“道德家”，后简称“道家”。道家之所以得名，就在于它以“道”为其思想核心。在中国哲学史上，道家通过“道”的概念第一次探讨了万物的本原问题。

道家思想的奠定者是与孔子同时代的老子(约前600—前500年)。他写了《老子》即后人所说的《道德经》一书，阐发自己的哲学思想。“道”是老子思想中最重要的概念。他认为，“道”从“天道”演变而来，又与天道不同，是天地万物的本质，天地万物都从“道”中产生。在老子看来，“道”是一个混成之物，它自身包括“无”和“有”两个方面，是“无”与“有”的统一体，可以相互转化。老子把“无为”看作是“道”的性质，这里的“无为”就是顺应万物本来的情形。老子还提出了著名的“道法自然”命题，认为“道”是顺从天地万物的“自然”。老子认为，“无为”与“自然”是密切关联的，用于国家政治生活，统治者“无为”，则百姓“自然”。

福建泉州老子雕像

“黄老学派”是战国时期道家的主要流派。“黄”指传说中的中华民族祖先黄帝；“老”就是指老子。所谓“黄老学派”就是以黄帝为依托、主要阐发老子思想的一个学派。黄老学派留下的主要文献有《黄帝内经》和《管子》，主要讨论社会政治问题，也涉及治身方面。黄老学派称“道”为“太虚”，并且以“气”来解释虚无的“道”，认为万物都依靠“精气”而产生，“精气”是人的生命与智慧的来源。黄老学派非常重视“因循”的观念，强调“道”是因循万物之自然，从政治上讲，就是君主要因循臣民之自然，在治国时要保持内心的虚静，发挥臣民的作用。这一学派的思想在西汉初年被统治者采纳和接受，成为“无为而治”、休养生息政策的思想来源。

庄子(约前369–前286年)是先秦时期道家最有影响的一位思想家，如同孟子继承和发展了孔子思想，庄子则继承和发展了老子思想。后人常常把庄子与老子并列，合称为老庄。庄子的思想主要表现在《庄子》一书中。庄子思想的中心是追求人精神的自由。他认为人类生存最大的困境是丧失精神的自由，人创造了财富和文明，反过来为财富和文明所统治，成为物的奴隶。在庄子看来，人要想摆脱这种困境，最根本的道路是要达到“无己”，也就是超越自我，达到“游心于道”的境界，即至美至乐的“天人合一”境界。

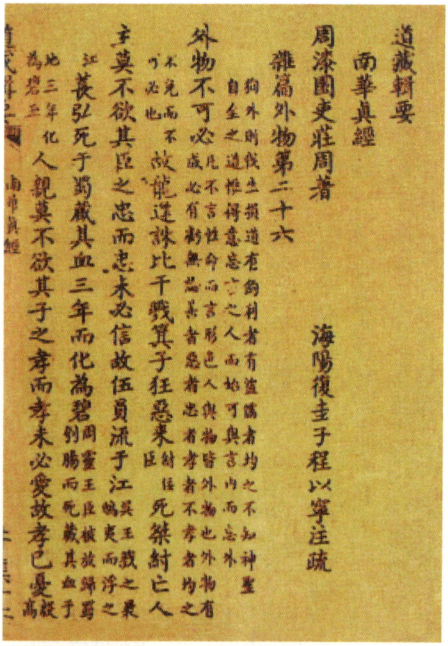
道藏輯要
南華真經
周漆園吏莊周著　海陽復圭子程以寧注疏
雜篇外物第二十六
外物不可必故龍逢誅比干戮箕子狂惡來死桀紂亡人主莫不欲其臣之忠而忠未必信故伍員流于江萇弘死于蜀藏其血三年而化為碧人親莫不欲其子之孝而孝未必愛故孝己憂

《庄子》书影

道家思想在魏晋时期得到了复兴，形成了魏晋玄学。魏晋玄学以《老子》、《庄子》和《周易》等著作为主要经典，通过对这些经典的重新解释，围绕“本末有无”等问题建立起“新道家”思想体系。老子哲学是探讨宇宙深远、深奥的学问，而“玄”字的含义正是表示深远、深奥的意思，可以用来形容宇宙本原的“道”，所以当时的人们就把发挥老子道家的学说，称为“玄学”。魏晋玄学所讨论的问题很多，从根本上说，是要解决道家的宇宙论哲学与儒家的名教之治（名分等级之教，即礼教）的关

道教名观北京白云观

系问题，也就是儒道两大学说的关系问题。

在道家思想影响之下，公元3世纪时产生了中国本土的宗教——道教。道教以《老子》作为表达教义的基本经典，视老子为教主。道教以追求长生不死的信仰为核心综合了不同地方的信仰和养生方术，利用道家思想，特别是“气”的学说（用气说明世间一切有生命活动的存在），同时吸收了佛教和儒家思想的一些成份，形成一个有着丰富内容的庞大宗教思想体系。现知最早的道教组织是东汉末年的太平道和五斗米道，与官方对立，后经改造，逐渐放弃了与官方对立的立场，成为官方宗教。特别是随着佛教的传入，为增强本土文化的吸引力，道教在东晋以后的一千多年时间得到官方支持，传播和发展较快，到宋代时在中国南北形成了许多不同流派，其中以正一、全真两大宗派最有影响。明朝中期以后，官方不再实行崇道政策，道教地位开始下降。

道家思想对中国美学、文学、艺术的发展产生了重大影响，如意象理论、意境理论等。道家关于“虚实结合”的理论成为中国古典美学的一条重要原则，对中国古代诗词、绘画产生重要影响。

（三）佛教的传入及其中国化

佛教最初产生于公元前6世纪印度的恒河流域，西汉末年经中亚传入中国。佛教进入中国后，逐步渗透到中国社会生活之中，与中国文化相结合，其内容得到进一步丰富，成为中国文化的重要组成部分。

关于佛教传入中国，历史上有这样记载：大约在东汉明帝(58–76年在位)时，有一天晚上明帝做了一个梦，梦见在西方有一个金色的人。第二天早晨起来，他问他的大臣们这个梦是怎么回事。其中一个大臣告诉他，听说西方有佛，您一定是梦见佛了。明帝立刻派使臣到西方去迎请佛。后来使臣果然带来两个中亚国家的僧人和一批佛教典籍。明帝在首都洛阳专门为两位僧人建了寺庙。

佛立像

中国佛教的发展有一个十分突出的特点，就是非常重视佛教经典的翻译工作。最初佛教经典的翻译工作主要由中亚南亚国家来华的僧人完成，但翻译水平并不能使人满意，于是出现了中国僧人去中亚、南亚国家取经的现象，他们当中最杰出的代表，就是唐朝的玄奘(602–664年)。因家境贫困，玄奘13岁便出家为僧，在多年的研究和讲经过程中，他深感因各家之间的说法不一而难以贯通佛家经典，于是他下定决心要去印度求法。在经历千辛万苦到达印度后，玄奘潜心研究各种佛教经典，其学识受到佛教界的尊重和推崇。玄奘学成回国后，拒绝了唐太宗要他还俗从政的请求，集中精力翻译从印度带回的大量佛教经典，对佛学的发展作出重大贡献。

玄奘行脚图

中国人接受印度佛教思想经历了一个认识上逐渐深入的过程，但基本态度不是全盘拿来，而是为我所用。中国人接受的佛教思想，以大乘佛教(公元1世纪形成于印度，倡导慈悲一切众生，力主以功德回向他人)为主。佛教在中国的传播和发展过程中，与中国社会的关系基本以调和、融合为主，努力与中国社会相适应，实现佛教中国化。在这一中国化过程中，出现了中国佛教宗派。特别在公元6至10世纪的隋唐时期，由于社会经济的繁荣，佛教在中国也得到了空前发展，逐步形成了三论、天台、法相、华严、律、禅、净土等几个大的佛教宗派。

佛教虽然最初是一种外来文化，但经本土化后，对中国文化的发展产生了十分广泛的影响。佛教对中国音韵、语言、文字学发展都产生了重要影响。汉语拼音的使用最早就是受拼音文字梵文的启发，许多佛教名词直接变成了汉语词汇，如“自由”、“平等”、“世界”、“众生”、“境界”等，丰富了汉语言词汇。“天下名山僧占多”，佛教还在中国创造了庙宇文化。时至今日，每到相关节日，各地庙宇人头攒动，成为一种特殊的大众文化现象。佛教关于空、境、灵等思想，特别是禅宗理论，对中国的文学、艺术、建筑等都产生了重要影响。佛教还对儒家、道家思想的发展起到促进作用。佛教中的慈悲为怀、乐善好施、去恶从善等精神，影响着中国人的为人和行事。

（四）传统思想文化的基本精神

美国学者菲利普·李·拉尔夫（Philip Lee Ralph）等在所著《世界文明史》（商务印书馆1998年第1版）一书中认为："当希腊人正在探讨物质世界的性质，印度思想家在思考灵魂和神的关系时，中国的圣人正试图去发现人类生活的基础和贤明政治的根本原则。"

中国的传统思想文化历史悠久，形态完整，兼收并蓄，内容丰富，风格独特。作为人类重要精神财富，中国传统思想文化有其独特的精神内涵。

——提倡以人为本。中国是人文思想产生最早的国家。中国古代思想家大多主张通过人文教化，建立起一个有道德、有秩序的文明社会。中国传统文化认为，如果说天地是万物的母亲，那么人就是万物之中最有灵性或最重

华山是著名的旅游胜地，也是道教的"洞天福地"，体现了天人合一的理念

要的。荀子说："水火有气而无生，草木有生而无知，禽兽有知而无义，人有气有生有知，亦且有义，故最为天下贵也。""仁"是孔子思想的核心，他认为，"仁者，爱人"，即仁就是爱他人。当孔子的一个弟子问他如何才叫做有智慧、有知识时，孔子告诉他：有智慧的人应该"务民之义"，就是把老百姓的事放在第一位。中国很早就有"民为邦本，本固邦宁"的说法。孟子更是提出"民为贵，社稷次之，君为轻"的思想，发展了儒家的"人本主义"思想。

——主张天人合一。"天"在中国传统文化中有着特殊的地位。中国传统文化中的"天"既指自然之天，也指天命之天。自然之天，就是以天地为生物之本。天命之天，是一种主观想像的如同自然之天一样不可抗拒的意志。中国传统文化主张的"天人合一"，是一种自然观和对自然的态度，即人与天地万物为一体。"天人合一"包括天和人两个方面，认为天与人虽然是一对立体，但从根本上说是天主导人，而不是人主导天。天是最高最神圣不可侵犯的，天的势力大于人的势力，天的意志决定人的意志，因此，人要顺从自然之天，这样就能够做到天人合一，使人与天协调统一起来。道家思想的一个鲜明特点就是强调人要顺其自然地做事，辅助万物的本性去发展，而不能够随意去改变它。儒家思想也主张做事要因循自然。

——推崇以和为贵。和平是中国文化的内在精神，在中国传统文化中集中体现在"和为贵"、"和而不同"和"仁和"之中。儒家创始人孔子说："礼之用，和为贵。"就是说，一切事情无论大小，都要以和为出发点和归宿。"和"为什么这样重要呢？在中国古代思想家看来，世间一切事物都由"和"产生和发展，也就是"和实生物"，这样世间才能安宁、繁荣。同时，中国传统文化又特别强调"和而不同"，就是一方面要把"和"作为最高的价值追求，但同时又不能以"同"来取代"和"，要承认差别和多样性，尊重、理解他者，相互包容。因此，"和"的达成只能是互相间通过平等协商和对话合作来逐步实现。中国传统文化还非常重视和平的实现与道德修养之间的内在统一，也就是"仁和"思想。中国古代的思想认为，要防止人们因为欲望得不到满足而发动战争，必须"制礼义以分之"。为此，就要行"仁爱"，通过仁义道德的教化，使人人成为"仁者"，而"仁者"是"无敌"的，这便是"仁"而"和"的和平之路。

——追求大同世界。大同世界是什么样呢？孔子认为大同世界是一个行大道的天下为公的世界。老子也设计了一个人人都能“甘其食，美其服，安其居、乐其俗”的理想社会。所谓大同世界，是古代思想家们设计的乌托邦式社会图景，实际上就是一个生产资料共有，人们之间没有等级差别和压迫剥削、平等和睦相处，各有所得所乐。受大同思想的影响，中国历史上发生的许多农民起义，都在不同程度上提出建立“等贵贱、均贫富”社会的主张。中国近代变法领袖康有为(1858–1927年)所著的《大同书》，把“天下为公，无有阶级，一切平等，既无专制之君主，又无民选之总统”作为他的“大同世界”。中国民主革命的先行者孙中山(1866–1925年)先生，也把“天下为公”作为自己的政治追求。中国传统文化中的大同思想，其历史局限性是十分明显的，但其所反映的“天下为公”和自由、平等、博爱等朴素精神，正是人类对未来美好社会的憧憬。

康有为像

——强调入世精神。在中国传统文化中居主导地位的儒家文化，要求人们关注现实，关注内在的道德修养，关注为现实的经世服务。当孔子的弟子问孔子怎样看待和处理鬼神这样的事时，孔子严厉地批评他说，“未能事人，焉能事鬼”，就是说你人间的事情都做不好，还要问怎样去事鬼。因此，孔子只谈今生今世事，不谈鬼神和来生来世事，并明确表示“敬鬼神而远之”。入世便要做到“内圣外王”，即通过内在的道德修养的不断提高而实现经世致用。每个人只要从内心做起，从身边的事情做起，从日常事件和现实生活做起，就可以由小到大，由平凡之事入手来成就伟大功业。这一过程首先是正心、诚意，然后是格物、致知，继而修身、齐家，最后是治国、平天下。

作为农业文明在观念形态上的表现，中国的传统文化既积累了许多有价值的创造，也存在一些局限、缺陷甚至是糟粕。中国传统文化存在的缺失主要有：缺少民主精神，推崇人治；宣扬等级制度，重男轻女；过于突出集体主义，忽视个体价值；追求平均主义，创造性不足等等。

（五）传统思想文化背景下的社会

与农业文明相适应，传统思想文化背景下的中国社会是宗法性质的社会，以家族为单位，实行“家国”一体。“国家”这一概念在传统中国文化中很少使用，经常被“天下”、“社稷”（由对土神和谷神的祭祀演变而来）一类概念而替代。在中国传统文化中，没有家便没有国，家既是生活单位，又是生产单位。同时，家不只是一家一户的家庭，还要扩大到整个血缘家族。一个家族中以父亲为主轴，父的父是祖父，父的兄是伯，父的弟是叔，父的姐妹是姑；父亲的兄弟姐妹生的孩子，构成堂兄弟、堂姐妹系列。在母亲方面，母的父是外祖父，母的兄弟是舅，母的姐妹是姨；母亲的兄弟姐妹生的孩子，又构成表兄弟、表姐妹系列。在分别亲族时，男性一系的亲人，也就是父亲这边的是“内”，而女性一系的亲人，也就是母亲这边的亲人是“外”。上述父母两大系的衍生、繁殖，就出现了一个十分庞大的族群，而且随着人口的增加而不断增大。

四世同堂共 41 口人的幸福大家庭

古代中国社会基层，就是按照上述这种男女有别、长幼有序的原则，建立了以家庭、家族、宗族为组织单位的乡村共同体。这样的家庭、家族、宗族常常居住在一个共同的区域，拥有一个共同的祖先，有一个共同的祠堂，有一份共同的宗谱。在一个家族里，一些有知识有文化的人，特别是中过科举的人，或年龄与辈分较长的人，通常比较有威信。家族由德高望重者任族长，负责对家族进行治理，决定家族的各项活动，包括组织祭祖活动等，并依照族规、家法，对违背家族规定者进行处罚。以家族为单位的基层社会组织，对古代中国社会秩序构建和制度稳定，起到了重大作用。这是古代东方社会与西方社会的最大不同之处。

传统文化背景下的中国社会以道德而不是以法律立国。道德规范成为社会的规章，每个人都受道德约束。儒家思想是中国传统文化的核心价值，提出了传统中国社会一系列道德规范，其中最主要的是“三纲五伦”。“三纲”是指“君为臣纲、父为子纲、夫为妇纲”，也就是臣要服从君，子要服从父，妇要服从夫。“五伦”是指君臣、父子、夫妇、长幼、朋友五对社会成员的关系，做到“君臣有义、父子有亲、夫妇有别、长幼有序、朋友有信”。违背了这些道德规范，就是不忠、不孝、不义、不爱、不信，为社会所不接受。中国古代社会基本以上述儒家道德思想为依归，规范维持着社会秩序。

要做到以道德立国，最重要的是要使每个社会成员成为一个有道德的人，这就涉及到提高人们的内在道德修养问题。中国传统文化形容一个人品德好，就是能够立德、立言、立功。首先是培养自己的品德，然后是通过言论影响别人，最后是做出成绩。要成为有道德的人就要做到“博学之，审问之，慎思之，明辨之，笃行之”，也就是要多搜集资料，直接去考察，慎重地思考，辨析清是非，坚定地落实。

在传统文化影响下，宗教在古代中国社会并不发达。在中国历史上，宗教从未占居社会主导地位，没有发生教权与皇权之争，更没有发生宗教改革或战争，这也是古代中国社会与西方社会的不同之处。中国没有产生《圣经》、《古兰经》那样全面系统论述宗教思想并广泛传播的著作，也没有产生耶稣那样的传教布道者。

作为中国传统文化主体的儒家文化，宣扬的是一种入世学说，主要探讨人际伦理关系，未涉及宗教信仰问题。而儒家思想又被历代统治者奉为正统，这就制约了宗教在中国的发展。中国传统文化另一重要组成部分道家文化，虽然发展成道教，但道教注重的是对自然法则的探讨，在于修养心性，与基督教信仰上帝有很大区别。佛教尽管主张出世，但中国化之后演变为禅宗，宗教的味道已大为减弱，特别是世俗化的佛教，随意性很强。中国有“杀身成仁，立地成佛”的说法，生动地说明了成为佛教徒并不是一件难事。时至今日，如果你到中国的一些寺庙去，经常可以看到有许多人在那里烧香拜佛。实际上这些人大多数并不是佛教徒，而是通过这种形式来祈求平安，驱灾避祸。在传统中国文化中，天是最大的神，但对天是崇拜而不是信仰。中国的先民很早就有图腾崇拜活动，如对龙的崇拜，但这种崇拜只是表达了对自然力的一种敬畏，并不是宗教信仰。中国人有祭祖的传统，一年之中有多个节日是用来纪念祖先的，但这些只是表示对祖宗的怀念、感谢和崇拜，并不是宗教活动。

众多的山东青岛市民在新年伊始到湛山寺烧香拜佛许愿

传统思想文化背景下的中国社会还有许多特殊的现象值得关注。如传统的中国社会是一个“男尊女卑”的社会，重男轻女。在这样的社会中，女人要裹小脚，同时实行妻妾制度，男人可以娶妾，有地位有权势的甚至可以娶几房妻妾。再如基层乡绅制度。乡绅虽不是政府官员，但与政府有着特殊关系，他们深受儒家文化熏陶，利用自己的文化知识和社会影响，变相为政府服务并获取利益，反过来政府又通过他们有效地实施了对基层的治理。又如在皇宫内实行阉官制度，由太监掌管宫内事务等等。

（六）传统思想文化对民族性格的塑造

在漫长的历史发展过程中，作为观念形态的中国传统思想文化，注入到了中华民族血液之中，深深影响着中华民族性格的形成。

——自强不息。“天行健，君子以自强不息。”这句话是中国传统文化对有识之士的鞭策，意思是说有作为的人应该效仿大自然生生不息的精神，奋发有为，积极进取，永不停步。孟子将自强不息并且能够忍受艰难困苦看作是成功的必由之路，他说：“天将降大任于斯人也，必先苦其心志，劳其筋骨，饿其体肤，空乏其身……”几千年的历史证明，中华民族是个韧性十足的民族，不管是自然灾害，还是内忧外患，从不向苦难低头，始终持之以恒，百折不挠。

——包容和谐。中华民族具有极强的包容性。中国传统文化的指向总的是主“和合”、“中和”，主张通过合作化解矛盾和分歧，不主张攻击和侵略，反对战争。这种包容性既体现在对其他民族的接纳，也体现在吸收其他民族优秀的文化成果。在历史上，曾多次发生周边民族进入中原的情况，但最终这些民族的文化都被中原文化所同化，成为中华民族文化的一个重要组成部分。中国人修身讲究“心平气和”，治家讲究“家和万事兴”，治国讲究“和睦兴邦”，发展对外关系讲究“协和万众”。在处理人与人、家与家、国与国的关系时，注重寻求利益共同点，求同存异，相互包容，共同发展。

——勤劳节俭。中国很早便有“克勤于邦，克俭于家”的古训。“勤”是指对所从事的事业要用心去做，竭力而为，不怠慢、不厌倦。“俭”是指珍惜物质财富，合理使用，不奢侈，不浪费。在中国文化中，“勤”与“劳”经常被并称为“勤劳”，“勤”与“奋”也经常被并称为“勤奋”，要求人们做事要珍惜时间，持之以恒，坚持到底。在古代社会，由于劳动生产率较低，劳动成果来之不易，人们只有勤俭才能生存下去，因此，中国的先民很早便以俭为善，以奢为恶。在中国历史上流传着许多关于勤俭的名言警句，并一直沿用到今天，如“历览前贤国与家，成由勤俭败由奢”，“成家之道，曰俭与勤”。崇尚勤俭，通过劳动和节俭积累社会财富，是一种最为朴素的兴国兴家美德。

——善良宽容。中国文化讲究“积善成德”，主张多做好事，并认为好事做多了就可以达到一个很高的境界。中国佛教虽然是一种出世法，但也包含着积极的入世精神。佛教提倡的慈悲济世的情怀，既帮助人们解除现实世界的种种痛苦，还努力协调人与人、人与众生、人与自然之间的关系，缓解各种矛盾和问题，鼓励人们努力向上。中国人的品格中经常表现出去恶从善的特征。中国民间至今流行这样的警句：“善有善报、恶有恶报”，“勿因善小而不为，勿因恶小而为之”，“积善之家必有余庆，积恶之家必有余殃”等等。与善良相统一，中国文化还特别强调“宽容”，主张“宽大为怀”，捐弃前嫌，反对积怨结仇，互相敌视。中国文化中还有乐善好施、同情弱者的优良作风。中国人经常说的一句话是：“一方有难，八方支持。”通过团结、友爱、互助，使有困难的人渡过难关。

——乐观务实。儒家文化本身是一种入世的文化，主张积极参与社会活动，做到经世致用。孟子说：“君子不立于危墙之下”。儒家文化还尊重现实，证实现实，面对现实，对生活怀着积极乐观的态度，反对悲观和气馁。在儒家文化影响下，中国人历来重视实际，讲究实用，追求事功，反对华而不实，反对清谈玄想。在普通中国人心目中，人活着不是要做出什么了不起的事情来，而是要重视现实，不逃避现实问题，积极进取。儒家文化强调学习是为己之学，不是简单的知识积累，而是通过学习来提升自己的修养，能够在社

两位大学生志愿者在街头为白血病患者募捐

广西龙脊梯田是历代农民辛勤劳动的结晶

会生活中有所作为。正所谓："究天人之际，通古今之变，成一家之言。"

——中庸适度。受传统文化影响，中国人做事情讲究"中庸之道"，就是主张做事情要适度，超过一定的度，反倒不能达到目的。中庸不是调和，而是要恰如其分。如饮食一样，吃得太饱会撑得难受，吃不饱饿着也不行，要恰到好处。又如一个人穿鞋，鞋大了或小了走起路来都不方便，要适合脚的大小。中国文化有盈极则亏、物极必反的思想，说的就是不要把事情做过了头，过头就会朝着相反的方向发展。

——忧患意识。中国人的生活态度是非常乐观的，但同时又充满了忧患意识。孟子说："生于忧患，死于安乐。"在不同历史时代，仁人志士有着不同的忧患，或忧君国之衰败，或忧民族之危亡，或忧黎民之困苦，使忧患意识成为中华民族的品格。中国历史上留下了"穷年忧黎民"、"先天下之忧而忧，后天下之乐而乐"、"生年未满百，常怀千岁忧"、"天下兴亡，匹夫有责"、"家事、国事、天下事，事事关心"、"位卑未肯忘忧国"、"人不忧患，则智慧不成"、"身无半文，心忧天下"等许多体现忧患意识的名言，激励国人达到"乐以天下，忧以天下"的博大而崇高的境界。

传统文化对中华民族性格的塑造也存在一些负面的东西。由于过分地关注现实，理想主义成分相对少些；中庸思想带来了自给自足的心理，安于现状，缺少探索冒险精神；存在一定的自大心理，不相信其他人比自己强，封闭保守；墨守成规，过于相信祖宗之法，不善于超越前人等等。

（七）古代中外文化的交流

受高山、大漠、高原、海洋等地理环境的影响，古代中国与外部世界的交流并不顺畅，但这并不意味着古代中国与外部世界没有交往。高度发达的中国古代文化曾深深地影响了外部世界的文明进程，同时在其漫长的历史发展中，也融合了外部文化特别是中亚、南亚文化。

丝绸之路是古代中国与外部世界进行交流的主要通道。丝绸之路的开通始于汉代，原本是想通过联合中亚国家抗衡北方草原的匈奴政权。因为丝绸之路，中国与中亚、西亚国家开始了政治、经济、文化、军事等方面交往。在从两汉到明代的公元前3世纪末至公元17世纪长达1500多年间，丝绸之路一直承担着中国与欧亚一些国家发展关系的任务。丝绸之路是古代东西文明的交流之路，对东西方文明发展影响重大。

历史上跋涉在丝绸之路上的主要是从事贸易活动的商人，以贩运中国产的丝绸为主，故称“丝绸之路”。当时，中国的丝绸在中亚、南亚和欧洲等地很有名气。罗马作家培利埃该提斯说：“中国人制造的名贵彩色丝绸，就像田野里盛开的美丽的花朵，它的纤细简直可以和蜘蛛织的

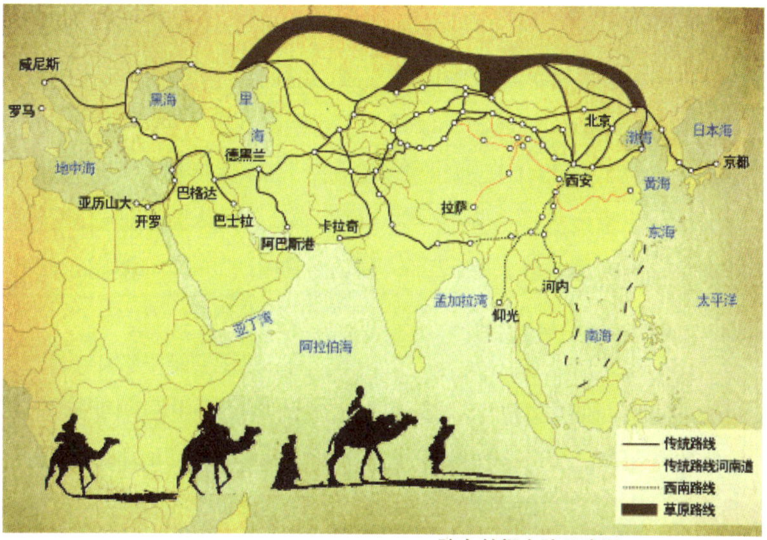

陆上丝绸之路示意图

唐时各国使节在长安

网相媲美。”中国的茶、香料、瓷器、漆器、铁器、药材等，天文、医学、音乐、建筑等各个领域的知识，特别是造纸、印刷和火药技术，也通过丝绸之路运往或传到中亚及其以西的地区，影响了人类文明进程。与此同时，丝绸之路也将中亚以西的文明传入中国，特别是宗教和艺术，影响中国文化的发展。佛教就是通过丝绸之路传入中国的，并很好地与中国文化结合起来，实现了本土化。伊斯兰教等宗教也通过丝绸之路传入中国西北地区，对当地社会发展产生重大影响。中亚以西地区的杂技、戏剧、音乐、舞蹈，通过丝绸之路传入中国，对传统中国艺术的发展起到推动作用。丝绸之路在公元7世纪至10世纪的唐代时最为繁荣，当时中外交流频繁，中亚以西许多国家的使节通过丝绸之路来到中国唐朝首都长安。

谈到古代东西方文明交流，不能不提到基督教的传入及其对中外文化交流的影响。

早在唐代时，就有景教（基督教中的聂斯托利派）通过丝绸之路传入中国，此后景教在中国的发展时起时落，没有形成大的规模。孟特高维诺（John Monte Corvino，1247–1328年）是意大利罗马天主教在中国传教的第一人。他于1293年在福建泉州登陆，1294年抵达元朝首都大都，开始传教，以后在北京传教服务30多年。明清之际，耶稣会士通过海上来到中国，试图进入中国内地传教。1557年，葡萄牙强租了中国的澳门，使澳门成为天主教在东方传教的重要据点。1583年，意大利耶稣会士利马窦（Matteo Ricci，1552–1610年）进入中国南方广东传教。他试图使天主教中国化，调和天主教与中国文化而使中国人接受天主教。他甚至接受中国明朝地方官员所赐中国佛教徒的服装，以为这样就可以与中国文化融为一体。他以西方科学作为传教手段，努力学习中国的儒家文化，并通过撰写中文著作，宣讲西方伦理和基督教义。1600年，利马窦因向中国皇帝进贡自鸣钟而获准留居北京，期间广泛结交士大夫，并争取其同情。经过多年在中国的传教活动，到1610年他在北京病逝时，全中国约有天主教徒2500人。早期传教士对向中国传播西学发挥了很大作用，他们与中国的一些士大夫一起翻译了大量西方科技书籍。

利马窦像

德国人罗马教廷科学院院士汤若望(Johann Adam Schall von Bell，1592–1666年)是利马窦之后在中国又一有重要影响的传教士。他因准确预测了日食，被任命为中国朝廷的掌天官员。他与比利时人南怀仁(Ferdinand Verbiest，1623–1688年)曾为在中国推广西方历法而积极努力，虽遭一些中国士大夫的坚决反对，但却得到清朝康熙皇帝的支持。据统计，到1701年，中国已有130名天主教传教士，教徒近30万。

汤若望像

此后，发生了“礼仪之争”，即天主教是否应该中国化，具体是如何翻译“造物主”及中国教徒是否可以参加祭祖祭孔等礼仪活动。代表利马窦的一派传教士认为，儒家经典中的天与天主教的天主意义相等；中国人的祭祖祭孔活动只是一种崇拜，这类活动与信仰天主教并不矛盾。反对派的看法与此相反。双方争论激烈，最后罗马教廷下令严禁中国教徒祭祖祭孔，中国的康熙皇帝针锋相对，下令严禁传教。这场争论从中国内部发展到外部，从东方发展到西方，持续了一百多年，最终天主教再次被中国拒之门外。但正是这场礼仪之争，引起了欧洲人对中国文化的热情，一时间介绍中国历史、哲学、地理、艺术、风俗的图书在欧洲广为流行，谈论中国成为热门话题。利马窦在他的《基督教进入中国史》一书中对中国的儒学、佛教和道教一一做了介绍。他认为："中国最伟大的哲学家是孔子"，其"一生以言以行以文字，诲人不倦。大家都把他作为世界上最大的圣人来尊敬。实际上，孔子所说的，和其生活态度，绝不逊于我们古代的哲学家，许多西方哲学家无法与他相提并论。"

中国传统思想文化对周边地区一些国家的影响更大。特别是古代的朝鲜半岛和日本列岛等东亚地区，与中国有着紧密的关系。公元7世纪至10世纪唐朝时，中国文化高度发达，日本先后派出13次遣唐使到中国，考察大唐文化和制度。日本还派遣唐留学生，到唐朝的最高学府——国子监学习。留学生回国后，由日本朝廷按其所学，安排在教育、医学、刑律、艺术等不同部门。6世纪，佛教由中国传入日本，很快就成为日本最大、最有影响的宗教。日本专门派遣唐留学僧，来中国投拜高僧名师，学习佛教知识。753年，唐朝高僧鉴真应日本僧人邀请，历经11年努力，终于成功实现东渡日本。鉴真在日本度过了一生中最后的10年，在垂暮之年以其丰富的知识，对日本的宗教、建筑、医学等方面作出了重大贡献，成为中日友好的象征。646年，日本进行了著名的"大化改新"，模仿中国隋唐的政治、经济制度，对日本社会进行全面改革，使日本进入新的发展时期。

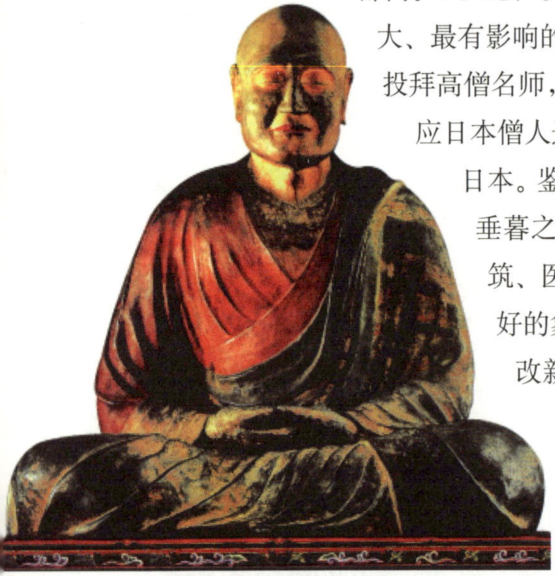

鉴真像

中国传统思想文化对古代朝鲜也产生了重要影响。公元6世纪末到10世纪隋唐时期，朝鲜半岛的新罗政权也派遣留学生到中国学习，并派遣僧人来唐求法。在政治制度方面，新罗仿隋唐的三省六部体制，建立了中央行政机构，并仿隋唐地方制度，建立州郡体制。新罗还按照隋唐模式，建立教育制度，开设国学，讲授中国的《论语》、《春秋》、《孝经》等儒学典籍，并实行科举取士制度。

四、农业文明时代的发达国家

UNDERSTANDIN CHINA

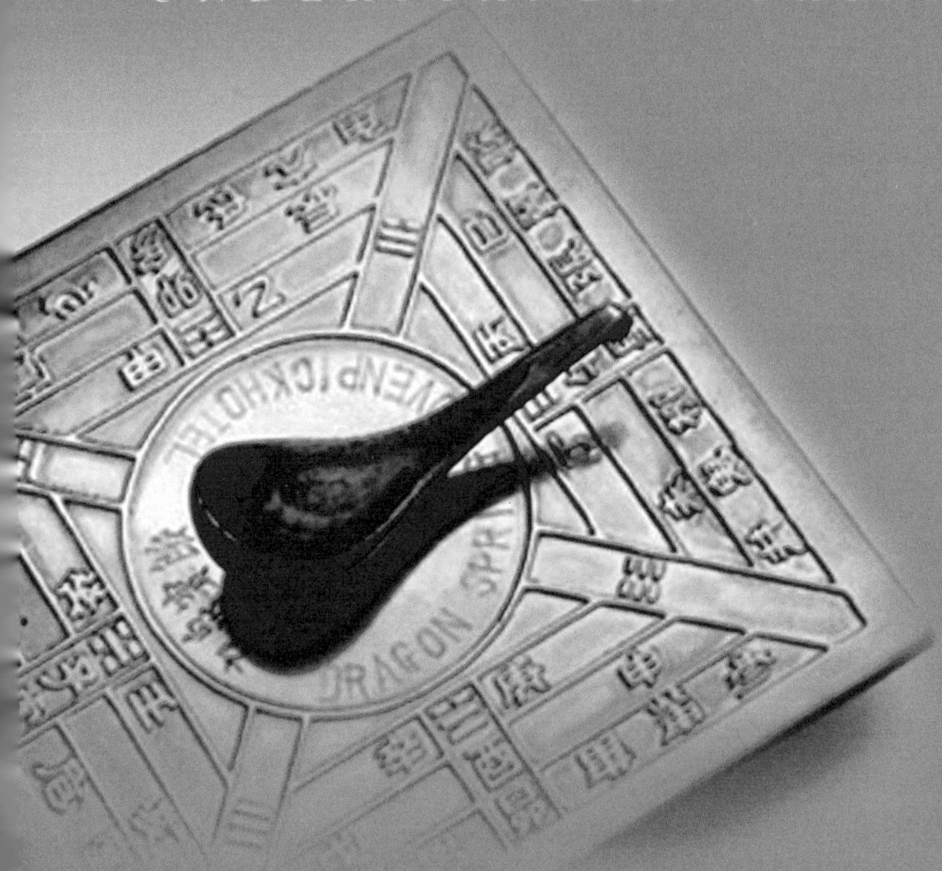

中国曾以农业文明时代的发达国家而载入人类史册。中外历史学家们较为一致的看法是，古代中国代表着农业文明，在相当长时期，其生产力和社会发展水平处于世界领先地位。在长达2000多年的时间里，中国的先民们辛勤劳作、善于创造，以自己的智慧和汗水，丰富和发展了人类文明。

（一）农业的进步和手工业的发展

在中国西南的四川省，有一个在先秦时期便设计建造的防洪灌溉工程，距今有2000多年的历史，但仍然发挥着作用，这便是有名的都江堰水利工程。

古代中国以农业为主体经济形式。黄河、长江、珠江、辽河等主要水系形成的冲积平原，为发展农业生产提供了良好的自然条件。中国历代王朝都视农业为立国之本，并通过有效政策措施，鼓励农业生产。在历史上相当长一个时期，中国的农业生产技术水平处于世界领先地位。

早在商周时期，中国人就开始从事农耕活动。当时主要的农作物有稷（小米、俗称谷子）、黍（大黄米）、麦（有大麦、小麦之分）、菽（豆类总称）、稻（今称水稻）。春秋时期，铁器已用于耕种，并出现了牛耕，农业生产得到进一步发展。秦汉时期，随着生产工具和生产技术的提高，特别是水利灌溉的运用和政府组织的垦荒运动，使北方农耕经济区扩大。从汉朝开国到汉武帝即位的70年间，由于国家没有经历严重的战争及动荡，天下太平，加之风调雨顺，没有出现大的自然灾

都江堰水利工程

害，使民间人给家足，城乡大小粮仓都得到充实，国家财政也多有盈余。有文献这样记载当时粮食丰收情况：国家粮仓太仓的存粮因年年堆积，不得不露天存放，结果导致粮食腐烂而不可食用。而在民间，人们竞相比富，大小人家都风行养马，并在乡间小路上成群驰游。东汉以后，中国长江流域农业经济开始得到较快发展，广大的南方地区开始出现水稻一年两熟制，农业生产水平进一步提高。

唐代前期，中国农业经济的发展达到了一个新的高峰。当时，生产发展，粮食丰溢，人户增多，民生殷实。农业耕种面积扩大，全国从北到南，所有平地都被开发利用。人口增长迅速，到732年，全国有人口4543万，比唐初增加一倍半以上。宋代时，全国大力兴修水利，推广灌溉，江河湖泊多被利用，旧有渠道得以修浚，灌溉面积增多，精耕细作加强，粮食产量提高。清代康熙、乾隆年间，由于实行与民休息政策，减轻农民负担，鼓励农业生产，使中国历史上又出现了一次农业生产空前发展、人口迅速增加时期。

公元50至1820年中国、欧洲、印度次大陆以及全世界人口情况估算　（单位：百万）

年代	中国	欧洲	印度次大陆	世界
50	40	34	70	250
960	55	40	—	300
1280	100	68	—	380
1500	103	72	110	425
1700	138	96	153	592
1820	381	167	209	1049

资料来源：转引自〔德〕康拉德·赛次《中国：一个世界强国的复兴》，国际文化出版公司2007年4月第1版。

中国古代社会重视农业生产，同时也重视总结农耕经验，以便推广应用。秦以前，中国便出现了讨论农学的文章，不仅研究农业技术，也探讨农业政策。先秦重要文献《吕氏春秋》中即保存了四篇有关农学的论文。《氾胜之书》是西汉时一部重要农学著作，以今天陕西关中地区作为试验基地。东汉时期有《四民月令》一书，记述今天河南洛阳一带农耕生活。北魏时贾

公元50到1820年中国、欧洲、世界人均收入情况估算 （按1990年国际市场的美元价）

年代	中国	欧洲	世界
50	450	450	—
960	450	400	—
1280	600	500	—
1700	600	870	359
1820	600	1129	706

资料来源：转引自〔德〕康拉德·赛茨《中国：一个世界强国的复兴》，国际文化出版公司2007年4月第1版。

思勰所著《齐民要术》一书，是中国古代一部重要农学著作，介绍当时黄河中下游地区农业生产技术。据研究者统计，中国古代历史上研究农学的著作有三百多种。农学研究热从一个侧面反映了农业文明的发达。

手工业是农业经济的重要补充。手工业的发展推动了农业生产的发展，也使农业文明的形式和内容得到丰富。在中华文明的起源时期，陶艺、纺织和玉器制作等已经具备相当的工艺水平。商周时期，手工业开始成熟，被称为“百工”，当时的玉器和青铜器已表现出较高水准。春秋战国时期，铁器铸造成为重要的手工业部门，多种铁器用于战争、社会生产和生活之中。汉代炼铁、铸铁和制钢业、丝织业、漆器制造业以及造纸业兴起。隋唐时铸造业发展迅速，金属制造水平大大提高，制瓷技术更为成熟。唐代生产的白瓷如同白雪，青瓷有如清霜。宋代手工业规模扩大，分工进一步细化，技术、质量达到前所未有高度，著名的景德镇瓷窑处于极盛时期。明代棉织业、冶铁业进步快，最大的铁炉可容矿石1000多公斤，日出铁500多公斤。清代手工业规模不断扩大，分工更细，景德镇御窑厂正常年产量可达10多万件。

明代五彩花鸟纹方瓶

中国古代手工业的经营形式以官营为主，宋代以后，特别是明代，民营手工业逐步发展起来。明代中叶开始，由于民间消费需求旺盛，民间纺织业已大大超过官营纺织业，并出现了雇佣劳动和手工工厂经营方式。

（二）远居世界前列的科技水平

中国“在公元3世纪到13世纪之间保持着一个西方望尘莫及的科学知识水平”。这是英国著名中国科技史专家李约瑟（Joseph Needham，1900—1995年）对中国古代科技的评价。中国古代科技在很长的时间里曾走在世界的前面，不仅为人类贡献了“四大发明”，并且在天文学、气象学、医学、农业、植物学、动物学及水利交通、土木建筑、园林设计、金属冶炼、船舶制造、陶瓷制造、纺织印染等诸多领域，也领先世界。

“四大发明”——造纸术、印刷术、火药、指南针，是古代中国奉献给世界的重大科技成果，改变了人类文明进程。

人类采用纸作为书写材料，无疑具有革命性。造纸术发明于汉代。此前中国的先民曾采用龟甲、竹木、缣帛等作为书写材料。这些材料笨重且珍贵，造价高，使用不方便。东汉时，有一个叫蔡伦的宦官，总结前人经验，改进造纸方法，发明植物纤维造纸术，使纸的产量大为增加。此后经过长期的发展，特别是到宋代时，造纸技术更加成熟，竹纸、草纸已广泛使用，并出现了《纸谱》这样专门总结造纸技术的著作。中国的造纸技术首先在3到4世纪传到越南、朝鲜、日本等周边国家，8世纪前后传到中亚地区，11到13世纪传到北非和欧洲。

东汉蔡伦像

如果说纸的发明方便了人类书写，那么，印刷术的发明则方便了人类获取知识，同样对推动人类社会发展具有革命性。大约在发明了造纸术几个世纪之后，也就是6世纪初的隋唐之际，中国人发明了雕版印刷术。这种技术是把文字刻在一整块木板上，然后在整块木板上加墨印刷。到五代时，又出现了铜版印刷技术。宋代时，雕版印刷业空前繁荣，刻印了大量经书、史书、医书以及佛教、道教典籍，并且发明了套色印刷技术。活字印刷术的发明无疑是印刷术发展史上一次重大变革。北宋时一个叫毕昇的平民，他发明了用泥造的活字印刷技术，从此人们不必再采取整块雕版的做法，而是改用活字排版。此后的元、明两代，还发明了木活字和锡、铜、铅等金属材料制成的活字。中国的印刷术自唐朝起开始外传，先到日本、朝鲜，接着传入东亚、南亚和西亚各国，并经波斯传到北非和欧洲。1456年，德国古登堡开始用活字印刷《圣经》。印刷术传到欧洲后，对欧洲文艺复兴和宗教改革运动起到了重要促进作用。

毕昇泥活字版（模型）

古代世界战争多发，将火药用于战争，是战争手段的一次重大升级，影响深远。火药的发明与中国道教的炼丹术有关。炼丹就是通过提炼各种各样的药物和矿物质，以期获得一种有益身心健康和能够长生不老的药物。古代道教方士在炼丹过程中逐步认识到制造火药的硫磺、硝石的化学性质。火药于魏晋南北朝时发明，到唐朝时已经被用于军事领域，北宋时已形成规模生产，并出现了与之相配的火器，如弓火药箭、弩火药箭、喷气式火箭、管形火箭等。中国发明的火药技术约在13世纪初经过印度传入阿拉伯国家，欧洲人在与阿拉伯人的战争中学到了制造火药和火药武器。

指南针的发明使人们明确了东西南北，从此不再迷失方向。早在战国时期中国人就发现磁铁的指极性，并发明了磁性指向仪器“司南”。到宋代，人们发现了人工磁化的方法，进而发明了指南针，并使其成为航海的工具，“夜则观星，昼则观日”的天文导航方法渐被淘汰。指南针在航海领域的广泛应用，开创了人类航海活动的新纪元。正是由于指南针技术的成熟，到明代初期才有了郑和七下西洋这一航海史上的伟大壮举。大约在12世纪到13世纪时，指南针由中国传到阿拉伯国家，此后再到欧洲，对欧洲航海业的开辟和新大陆的发现起到了重要作用。

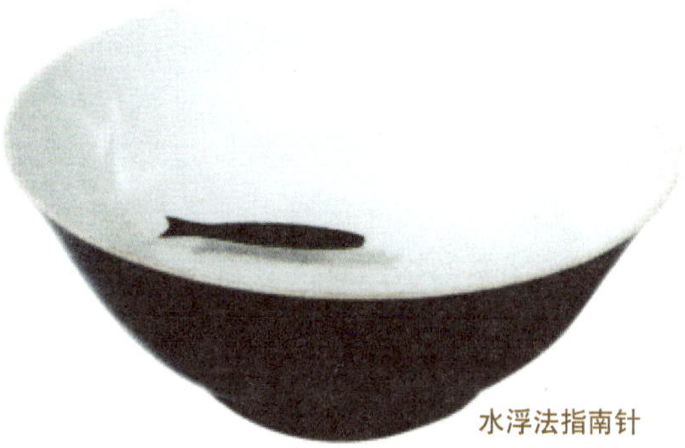
水浮法指南针

在天文学领域，包括天象观测、历法推算和天文仪器制作等多方面，古代中国也取得了举世公认的成就。中国最早的编年体史书《春秋》记载日食37次，有33次可靠，并对月食、流星雨、哈雷彗星、太阳黑子、极光等天文现象多有记载。中国古代特别重视制订历法，在先秦时即确定岁实（回归年）为365.25日，是当时世界上最精密的历法之一。以后各朝代差不多都有自己的历法，最著名的是元代天文学家郭守敬制订的《授时历》，确定的回归年长度为365.2425日，与今日世界历法所用值完全相同。中国古代创制的天文仪器种类繁多。在汉代，科学家张衡创制了一种新的浑天仪。这种仪器以漏壶滴水为动力，推动其内部的齿轮装置，使其每天匀速转动一周，其星宿出没与上面的天文观象台所内的星象完全相符合。

著名天文学家郭守敬雕像

古代中国是各国中最早建立数学体系的国家。东汉时，经众人撰写、修改、补充，集中了先秦以来数学成就之大成的著名数学著作《九章算术》问世，开创了古代中国数学体系。该书以解决日常生活需要为主，涉及到算术、代数和几何等多方面的数学问题，其中关于分数的概念和分数运算、比例问题的计算、负数概念的引入和正负数的加减运算法则、联立一次方程组的解法等，都比印度早八百年以上，比欧洲早千年以上。南北朝时，数学家祖冲之所求得的圆周率，精确到七位有效数字，早于世界同类计算一千年以上。

在近代西方医学没有出现之前，中国医学的发展曾居世界前列，并且形成了自成体系的中医学。成书于汉代的《黄帝内经》，是中国最早的一部比较完整的医学理论著作，千百年来一直指导着中医的临床实践。东汉末年，医学家张仲景写成《伤寒杂病论》，奠定了中医治疗学基础。明代医学家李时珍终其一生所撰写的《本草纲目》一书，系统总结了16世纪以前的中医药理论。

中医理论的出发点是“气”，气又分阴阳，阴阳平衡是人体健康的最根本的因素，如果阴阳失去平衡，就会产生各种各样的疾病。中医理论的另一思想是五行学说，这一学说把天地万物归纳成木、火、土、金、水，它们彼此相生相克，相生是木生火、火生土、土生金、金生水、水生木，相克是木克土、火克金、土克水、金克木、水克火，只有把握这一整体的相关性，才能认识病因、病理，做到辩症施治和用药，达到治病救人的目的。

（三）完整的政治、法律与选官制度

与以农业为主体的经济体制相适应，中国古代自秦汉以后建立了一套完整的政治、法律和选官制度。这套制度体系，与西方国家多有不同，具有鲜明的古代东方特色。

政治制度 从秦汉起，中央集权制度和君主专制制度逐步建立、巩固和发展起来。

秦汉在中央建立了“三公九卿”衙门机构，执行政策、管理事务。三公是丞相、太尉、御史大夫。三公之下设九卿，即奉常、郎中令、太仆、卫尉、典客、廷尉、治粟内史、宗正、少府。“三公九卿”制度使政权机构分工更为严密和系统，也大大加强了皇权，为后世各朝代所沿袭。秦汉在地方实行郡县两级制，后改为州郡县三级制。

如前所述，中国的帝制起于秦代。帝制是中国古代政治制度的核心。帝制就是君主制，而君主又被视为天子，地位特殊，权力无边。即使是称呼，

故宫里的皇帝宝座

帝王也与一般人不同。从汉代起，皇帝都有特殊的庙号、谥号、年号。通常，一朝开国皇帝的庙号称祖，如汉高祖、唐高祖等；用最能表达皇帝功绩的文字表示其谥号，如“文”、“武”、“元”、“景”等；用具有特殊指意的词汇来概括皇帝的年号，如“建元”、“贞观”、“天宝”、“康熙”、“乾隆”等。

为保证帝位的顺利传承，从汉代起建立了太子制度。所立太子可以是皇帝的儿子，也可以是皇帝的兄弟，所谓“父死子继，兄终弟及”。如果皇帝因年幼等原因无法处理政务，皇帝的母亲可以代理，这便是太后听政制度。这一制度埋下了太后及其亲信与皇帝及其周边人争夺皇权的隐患。太后的亲信因与太后有血缘关系，被称为外戚；皇帝身边的人因在宫中生活而遭阉割，被称为宦官。中国历史上，因外戚与宦官专权而导致朝政不稳的事件屡有发生，因争夺太子位而发生的朝廷内斗也时有发生。清雍正帝汲取历史教训，创立了“密建皇储”制度，就是由皇帝在所有皇子中秘密选择继承人，写成两份密旨，一份置于皇宫乾清宫“正大光明”匾后，一份随身携带。皇帝死后根据密旨指定继位人。

中国古代的帝王制度发展到隋唐时臻于完备。隋唐进一步完备了宰相制度。在中国古代，宰相是辅佐皇帝处理政事的最高行政长官，其他百官均受其节制统辖。中国民间关于宰相的地位有“一人之下、万人之上”的说法。关于宰相的名称，历朝历代不尽相同。以丞相作为皇帝的辅佐，始于秦汉。但由此也引发了皇权与相权的矛盾。到了隋唐，对宰相制度做了较大改革，通过集体议事的方式，实行集体宰相权，分割相权，以消除皇权与相权的矛盾，使相权完全服从皇权。为帝王政治服务的中央机构设置，隋唐时已相当完备，这便是“三省六部”制。三省为尚书省、中书省、门下省，其中尚书省为最高行政机构，下设吏（人事）、户（人口）、礼（礼仪）、兵（作战）、刑（司法）、工（工程）六部，中书省为最高决策机构，门下省为最高审议机构。

明清两朝时，帝王专制得到进一步加强与再度发展。明太祖朱元璋为防止权臣专权，废除丞相制度，由皇帝直接统领六部，处理政务，强化了皇权。为保证皇权，加强对百官的监督，明朝还建立了以宦官统领的东厂、西厂、锦衣卫等特务组织，使专制政治达到无以复加的地步。明清在地方建制上沿用元代的行省制，明分全国为十三行省和南北两直隶，清分全国为十八省，并由中央政府直接管辖东北、内蒙古、外蒙古、回部、西藏五个地区。清末，又陆续增设了新疆省、台湾省和东北的奉天、吉林、黑龙江省。

法律制度 中国古代法制以维护皇权为根本，基本框架是“礼刑一体”，实行多法合一，司法行政不分。

秦崇尚法治，制订《秦律》，其内容多达29种，涉及政治、军事、农业、市场管理、货币流通、交通运输、行政管理、案件审理、诉讼程序等各个方面。秦坚持轻罪重刑，严刑酷法，仅死刑方式就有十多种。严密的国家法律并没有使秦万世长存，反而激起了人民的极大不满，加速了秦王朝的灭亡。汉初汲取了秦因法律严酷繁杂而导致灭亡的教训，崇尚法律宽简，制定了《九章律》。汉统治稳定后，法律条文日繁。汉律有律、令、科、比四种，律为律条，令为诏令，科为法律应用，比为案例类推。汉律特别强调皇权至上，以儒家学说为法理依据，坚持礼法并用，以礼入法，德主刑辅，先教后刑，奠定了此后“礼刑一体”的法制体系。

隋唐时期法律制度建设得到进一步发展。隋制定了《开皇律》，唐在此基础上制定了《武德律》、《贞观律》、《永徽律》，并编《唐律疏义》和中国最早的行政法典——《唐六典》，法律形式已相当完备。唐律坚持以礼入律的原则，明确规定：“德礼为政教之本，刑罚为政教之用。”在刑罚的类别上，将刑分为五等。在法律的实施上，特别完善了死刑复核程序。加强法制监督，实行初审、复审、监督“三法司”制。

明清两代在法律制度上是一个体系。明有《大明会典》，清有《大清律》。两朝都通过编订条例的做法来补充法律不足，《大清律》到清末时仅例就有近2000条。清代司法中“例”占具优先地位，有例从例，无例从律。明清两朝治国宽严不同，明以重典酷法治国，清较宽容。

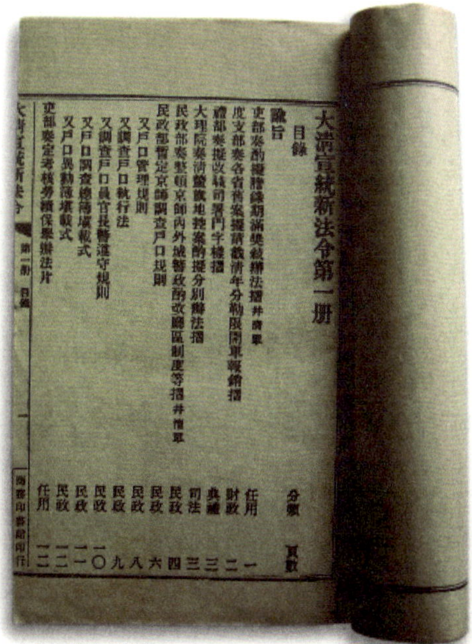

《大清律》书影

选官制度 中国古代建立了与君主

专制制度相适应的较为完备的官员选拔制度，经历了推荐、出身、考试等多个发展阶段。

汉代形成了一套完整的选官制度，主要有察举、征召、辟除、任子、赀选等方式。察举是推荐官员制度，由中央政府重要部门官员和地方政府主要官员向皇帝推荐能够担任官员的人才。征召是皇帝对特殊人才直接征用的选官制度。辟除是长官直接聘任部下的一种方式。任子是对高级官员子弟的一种特殊照顾方式。赀选是对官吏的资产限制。上述选官制度的实施，建立了以儒家思想为原则的官吏标准，形成了以文人为主的职业官吏队伍。

从魏晋到隋初，九品中正制成为特有的选官制度。根据这一制度，朝廷在各州和各郡设立中正一职，专门负责品评人才。中正根据品评标准和掌握情况，把士分为九等，即上上、上中、上下、中上、中中、中下、下上、下中、下下，以备选用。中正只有品评权，没有任命权，需要将自己的品评意见提交给政府，作为政府用人的依据；政府虽有任用权，但必须根据中正的评定来任免官员，不得擅自做主。这就形成了中正与掌握用人权的政府官员之间的牵制。从表面上看，这一制度有其合理性，但正是这一制度，适应了门阀政治的需要。实际情况是，中正一职，大多为世族把持，任用官员，全凭门资。

《宋代科举考试图》

科举制是中国古代官员选拔上的一大创造。这一制度创建于隋，发展于唐，规范于宋，完善于明清。隋废除以往做法，逐步形成秀才、明经、进士三大科目选官。唐发展了隋科举之法，特别是进士和明经两科，每年考试一次，每次录取几十人不等。考试内容主要是中国传统文化中的经学知识、经学理论、政论见解和文采辞章。宋对科举制度进行了调整，在考试程序和方法上，有了严密的规定，使其趋于规范化，共录取五万多人。明清科举更加严密、规范，已相当完备。明清科举与宋元相比，最大的不同是八股取士。八股是一种文体，以宋代儒家注释的“四书（《大学》、《中庸》、《论语》、《孟子》）五经（《诗》、《书》、《礼》、《易》、《春秋》）”命题，作文要仿古人语气，替圣贤立言，采用特定的格式。明清科举三年一次，分为乡试、会试、殿试三级：乡试考取者为举人；会试第一名俗称会元；殿试取中者为进士，并分三甲，其中一甲三人，依次为状元、榜眼、探花，赐进士及第。科举考试为自我推荐，不受出身限制。“朝为田舍郎，暮登天子堂。”科举制为包括普通百姓在内的社会各方人员踏上仕途提供了可能，也为天下才俊施展才华提供了机会。

中国古代创立的政治、法律和选官制度，是农业文明的产物，历史地看，这一制度有利于稳定统治秩序，吸纳社会精英，提高官僚队伍素质，但同时它又与皇权专制的家天下体制相适应，以帝王人治为根本。

（四）自成一体的语言和文字

中国是语言和文字产生较早的国家之一，并且形成自己特有的语言文字体系，这便是汉语和汉字。

在秦以前的春秋时期，汉语就出现了共同语。汉代时，更是以说同一种语言的汉族的“汉”字作为朝代名称。自12世纪以来，北京话成为北方话的代表。现代汉民族共同语的标准语在中国内地和香港、澳门称为普通话，在台湾称为国语，在海外华人当中称为华语。现代汉民族共同语以北京语音为标准音，以北方方言为基础方言，以典范的现代白话文著作为语法规范。汉语在发展中经历了古代汉语、近代汉语和现代汉语三个阶段。古代汉语是古代用语，其书面语是文言文；现代汉语是近百年来形成的，有口语和书面语两种形式，两者表达基本一致。与古代汉语比，现代汉语更通俗且易理解，便于使用。汉语属汉藏语系，是世界上使用人数最多的语言，除中国外，还是新加坡的官方语言之一，是联合国正式语文和工作语文之一。

汉语有着自身的特点。从音节结构看，汉语音节结构整齐。汉语音节由声母和韵母组成。如：

音节	声母	韵母
dong（东）	d	ong
xi （西）	x	i
nan （南）	n	an
bei （北）	b	ei

汉语每个音节都通过声调区别其意义。在普通话中，hQn(酣) hWn（韩） hAn（喊） hSn（汗），这四个音节的声母韵母都相同，但由于声调不同，表示的意义也不同。汉语中还有一些同音字，它们的读音相同，字形不同，表达的意义和用法也不同。如：“红”、“宏”、“虹”，虽然都读“hYng”，但意义、

用法完全不同。这些也是外国人学汉语的难点。

汉语中的词是由语素构成的。如“国”一词，就由一个语素构成；“宇宙”一词，就由“宇”和“宙”两个语素构成；“人民币”一词，就由“人”、“民”、“币”三个语素构成；“窈窕”一词，两个字，是一个语素；另外还有“巧克力”一词，三个字，一个语素。

汉语与英语等语言不同，它不追求句子形态变化，注重的是词序，即词在语句里的顺序，通过词序反映语法关系，表达不同意思。如：“我要学”，“要我学”。

正如从古代汉语到现代汉语，汉语是不断发展的，直至今日。汉语语言发展的总体趋势是简化。汉语词汇发展的一个明显趋势是从以单音词为主，发展到以复音词为主，而且双音词在复音词中占多数。如：曾—曾经；可—可以；但—但是；宾—宾客、目—眼睛、日—太阳。

任何一个来到中国的外国人都会发现，不管是在中国的北方、南方，还是东部、西部，人们总是操着不同的口语在进行交流，而这些口语在语音、词汇、语法上存在着一定的差别，这便是汉语的方言。由于历史和地理的原因，现代汉语方言可分为七个大区：北方方言，也称北方话，分布在长江以北广大地区；吴方言，也称江浙话，分布在江苏南部和浙江省；赣方言，也称江西话，分布在江西大部和湖北局部地区；湘方言，也称湖南话，主要分布在湖南；客家方言，也称客家话，分布在广东、广西、福建、江西、四川等地；闽方言，也称福建话，分布在福建、台湾、海南和广东部分地区；粤方言，也称广东话，分布在广东大部和广西部分地区。

周朝初年制作的毛公鼎底部镌刻的金文

汉字用来记录汉语已有3000多年的历史，一直用到今天，没有中断过，是世界上最古老的文字。

汉字最早被记录在甲骨上，称为甲骨文，时间上属于商代。现共出土了十多万片，有单字三千五百多个，能认出的约占三分之一。甲骨文是一种象形程度较高的汉字。稍晚于甲骨文的另一种汉字是金文，属青铜器铭文。秦建立全国性政权后，实行“书同文”，以小篆为标准字，同时还有一种叫隶书的汉字。汉字发展到小篆和隶书阶段时，字型和结构发生了很大变化，象形色彩渐少。到东晋时，在隶书的基础上产生了楷书，日后楷书发展成熟，并成为汉字基本字型，直至今日。

汉字字型演变举例

汉字与英文等拼音文字不同。英文的基本单位是字母，字母只有音没有义，而汉字的基本单位是单字，一个个单字既有音又有意，因此汉字是表意文字。英文只有26个字母，单词由字母构成，而一个个汉字由笔画构成，有的多达几十画。

汉字结构虽复杂，较难把握，但主要有四种。一是象形，就是通过描画事物外形造字。如：，像鱼形；，像水形。二是指事，就是在象形符号的基础上加上抽象符号造字。如：，在“”中加两点，指出哺乳妇女的特征；，在“”上加一撇，指士卒穿的有标志的衣服。三是会意，就是把几个表意符号组合在一起造字。如：，像水从器皿中满溢的样子，后来写成“溢”；，表示用眼睛向有水的器皿里看，照镜子，后来写成“鉴”。四是形声，就是表意的意符和表音的音符结合起来造字。如：，从金令声，表示铃铛；，从水工声，表示江河。

在世界各种文字中，汉字的数量是最多的一种之一。汉字究竟有多少，难以做出准确统计，有人估计自古至今累计起来应在6万以上。但在现代汉语中，常用汉字只有3500个，其中最常用的有2500个。这一数字与英语日常用词大体相当，从这个意义上说，学习汉语并不是一件十分困难的事。

（五）无与伦比的文学成就

中国古代文学源远流长、成就辉煌。中国古代文学以其特有的形式，极大地丰富了人类文明成果，并使其达到了一个新的高度。中国古人从不吝啬自己在文学方面的创造性。在不同的历史时期创造了诗、词、曲、赋、散文、骈文、小说、戏剧等各种文学形式，佳作迭涌，精彩纷呈。

《诗经》、《楚辞》 诗是中国古代文学的一种重要形式，在古代文学作品中位置突出。中国现存最古老的文学作品是《诗经》。它是中国文学史上第一部诗歌总集，收录了自西周初年到春秋中叶（约前11世纪—前6世纪）约500年间诗歌创作的精品，共有305篇。这些作品原本是配乐歌唱的，后乐谱失传，只留下了歌词。《诗经》分“风”、“雅”、“颂”三类：“风”是地方歌谣；“雅”多为贵族祈丰年、颂祖德的内容；“颂”是祭祀宗庙的诗歌。《诗经》内容丰富，表现手法多样，以四言为主。在《诗经》中，许多诗篇尤其是“风”，对当时人民劳作、居家、战争、宴饮等多样的生活情景进行了真实、生动的描写。《诗经》中有这样一段描写一位长期在外征战的士兵在还乡途中追述军中生活及离家的悲苦：“昔我往矣，杨柳依依。今我来思，雨雪霏霏。行道迟迟，载渴载饥。我心伤悲，莫知我哀。”

宋代画家马和之根据诗经意境画的诗意画

《诗经》中有大量以爱情、婚姻为题材的诗歌。其中一篇是这样描写一位青年男子对所爱恋姑娘的思念之情："关关雎鸠，在河之洲。窈窕淑女，君子好逑。参差荇菜，左右流之。窈窕淑女，寤寐求之。求之不得，寤寐思服。悠哉悠哉，辗转反侧。"《诗经》所表现的写实精神及忧患意识等对后世文学创造影响很大。

晚于《诗经》，产生于战国后期南方楚国的另一种诗歌形式是楚辞。这一文学形式的代表作家是中国古代伟大爱国者和诗人屈原，代表作品是《离骚》。《离骚》是中国古典文学中最长的抒情诗，反映屈原被放逐期间忧愁激愤、救国无路以及理想难以实现的沉痛心情。《离骚》在艺术上大量采用浪漫主义的表现手法，如"朝饮木兰之坠露兮，夕餐秋菊之落英……制芰荷以为衣兮，集芙蓉以为裳"。这些成为中国文学浪漫主义的直接源头。《离骚》中一些富于进取精神的诗句，如"路漫漫其修远兮，吾将上下而求索"，至今为中国人所吟诵。

唐诗 中国古代文学经历了汉赋（一种押韵的散文）、魏晋南北朝时期骈文（一种讲究对偶和词采的文体）等文体发展后，到唐代出现了以诗为一代之文学，这便是"诗唐"。唐代三百年间，诗人辈出，诗作如山。清代所编《全唐诗》，收录2300多位诗人，共48900多首诗。这些诗的作者身分不一，有帝王、贵族、官僚、文士，还有和尚、道士、尼姑、歌妓。可见，唐时诗歌已成为普遍的文学形式。

中国古诗发展到唐代的一个突出特点就是近体诗的成熟。近体诗分为律诗、排律、绝句三种。五言律诗和七言律诗是律诗中较为普及的两种。五言律诗和七言律诗每首都只有八句，其中五律每句五个字，共四十字；七律每句七个字，共五十六个字。律诗的第一、二两句叫做"首联"，第三、四两句叫做"颔联"，第五、六两句叫做"颈联"，第七、八两句叫做"尾联"。超过八句的律诗，称为长律或排律。绝句比律诗的句子及字数少一半，五言绝句只有四句二十个字，七言绝句只有四句二十八个字。

律诗讲究押韵。押平声韵，也就是现代汉语中的一声和二声。第一、三、五、七句不入韵，第二、四、六、八入韵。律诗还讲究对仗。上下句对应字所属词性要统一，一个语素、两个语素对应准确，如："天对地，云对风，大陆对长空。"对应一首诗的八句中，中间二联必须对仗工整。律诗也讲究平仄。平仄是根据汉语的不同声调来划分的，到南北朝时人们已经发现汉语有四个声调，即平、上、去、入四声。四个声调中，第一个声调被定为平声，后三个声调被定为仄声。平仄声按照一定的规律交叉使用，使诗读起来朗朗上口。

唐五言律诗一首（王勃：《杜少府之任蜀州》）

城阙辅三秦，风烟望五津。
与君离别意，同时宦游人。
海内存知己，天涯若比邻。
无为在歧路，儿女共沾巾。

唐七言律诗一首（崔颢：《黄鹤楼》）：

昔人已乘黄鹤去，此地空余黄鹤楼。
黄鹤一去不复返，白云千载空悠悠。
晴川历历汉阳树，芳草萋萋鹦鹉洲。
日暮乡关何处是，烟波江上使人愁。

唐五言绝句一首（王之涣：《登鹳雀楼》）：

白日依山尽，黄河入海流。
欲穷千里目，更上一层楼。

唐七言绝句一首（李白：《朝发白帝城》）：

位于湖北武汉的黄鹤楼

朝辞白帝彩云间，千里江陵一日还。
两岸猿声啼不住，轻舟已过万重山。

作为文学作品的中国古诗，创作要求非常高。既要严格遵循押韵、对仗、平仄等写作规则，更要讲究诗的意境。中国古人作诗十分注意处理好诗的内意与外意的关系，内意在于通过诗说明事物道理，外意在于通过诗描写事物现象。两者达到有机统一，才算是写出了好诗。这便是“情景交融”。为追求最佳诗境，中国古人在诗上所下的功夫今人难以想像。“语不惊人死不休”、“一诗千改心始安”，是古代诗人留下的作诗心得。一位唐代诗人曾这样表达自己作诗用心之良苦：“二句三年得，一吟泪双流。知音如不赏，归卧故山秋。”

唐代诗人中，李白、杜甫、白居易是最杰出的代表。李白在中国文学史上被誉为“诗仙”。他生活在唐朝最昌盛之时，他的诗兼有豪壮雄浑与清新飘逸之美。他对位于中国江西的庐山瀑布的描写，最能体现其豪壮与飘逸的诗歌风格：“日照香炉生紫烟，遥看瀑布挂前川。飞流直下三千尺，疑是银河落九天。”杜甫在诗歌创作上的成就与李白齐名，有“诗圣”之美称。杜甫生活在唐朝由盛转衰时期，他的诗多为感时忧国之作，具有丰富的社会内容，充满人文精神。他留下的“朱门酒肉臭，路有冻死骨”、“穷年忧黎元，叹息肠内热”、“无边落木萧萧下，不尽长江滚滚来”、“安得广厦千万间，大庇天下寒士俱欢颜”等诗句，达到了艺术性与思想性的高度统一。白居易是唐代中期的大诗人。他的诗敢于面对现实，揭露批评社会弊端，代表一派风格。他的两首著名长诗《长恨歌》和《琵琶行》，叙事与抒情融为一体，成为千古杰作，其中的“天长地久有时尽，此恨绵绵无绝期”、“同时天涯沦落人，相逢何必曾相识”等佳句，为后人喜爱不已。

宋词 从唐朝中期起，中国古代与唐诗齐名的另一种文学形式——词开始兴起，并在宋代成为一代之文学，空前繁荣，这就是“宋词”。词又称“长短句”，是一种依乐谱填词、字数固定、讲究韵律的抒情诗。词有固定的乐谱曲调，也叫词调，如《满江红》、《念奴娇》、《菩萨蛮》等。如同诗，词也讲究结构、声律。宋时产生了大批成就突出的词人，名篇佳作层出不穷，并形成了不同风格与流派。《全宋词》共收入1330多人近两万首词。

宋中期以前，词的风格多为追求深婉精致、含蓄蕴藉，南唐后主李煜在《虞美人》中是这样表达自己对故国和往事的思念的：

春花秋月何时了，往事知多少。小楼昨夜又东风，故国不堪回首月明中。雕栏玉砌应犹在，只是朱颜改。问君能有几多愁，恰似一江春水向东流。

宋代词人柳永把词的领域从达官贵人引向了市井都会，他在《雨霖铃》中表达了一对年轻男女分别时的情景与心情，读来凄切委婉、心绪不平：

寒蝉凄切，对长亭晚，骤雨初歇。都门帐饮无绪，留恋处，兰舟催发。执手相看泪眼，竟无语凝噎。念去去千里烟波，暮霭沉沉楚天阔。多情自古伤离别，更那堪冷落清秋节！……

到宋代中期，词的发展出现转折。带来这一转折的是大诗人兼大词人苏轼。苏轼改变了以绮艳婉约为主导的词风，“以诗为词”，把诗的内容题材、情感、理趣、意境、手法引入词中，使词的风格趋向多样化。苏轼的词既抒情婉转、词采清丽，又情调激越、感奋人心。特别是他开创的豪放派新词风，从内容到形式都使人耳目一新。他的一首《念奴娇·赤壁怀古》，气势磅礴，波澜壮阔，尽显豪放风格：

大江东去，浪淘尽，千古风流人物。故垒西边，人道是：三国周郎赤壁。乱石崩云，惊涛拍岸，卷起千堆雪。江山如画，一时多少豪杰。遥想公瑾当年，小乔初嫁了，雄姿英发。羽扇纶巾，谈笑间，樯橹灰飞烟灭。故国神游，

滚滚长江

多情应笑我，早生华发。人生如梦，一尊还酹江月。

苏轼之后最能体现豪放风格的词人是辛弃疾。他生活在南宋前期，是一位身负雄才而不能施展的英雄。他用词来表达自己的思想，气吞万里，壮怀激烈。词史上把他与苏轼并举，称为“苏辛”。“白发空垂三千丈，一笑人间万事”、“少年不识愁滋味，爱上层楼”、“稻花香里说丰年，听取蛙声一片”、“众里寻他千百度，蓦然回首，那人却在灯火阑珊处”、“青山遮不住，毕竟东流去”等等，是他留下的名句。

唐宋时期，是中国诗词发展的辉煌年代，也是散文创作成果丰硕的岁月。韩愈、柳宗元为代表的文学家发起“古文运动”，对当时只注重形式而缺少内容的骈文（要求词句整齐对偶的文体，重视声韵的和谐和词藻的华丽）进行改造，提倡学习秦汉奇句单行为特征的散文，他们创作的大量优秀的文学作品，把散文推向了一个崭新的境界。到了宋代，欧阳修、苏洵、苏轼、苏辙、王安石、曾巩等，又把散文创作发展到一个新阶段。这便是中国文学发展史上有名的唐宋“八大家”。

元曲 元代的一代之文学的代表是“元曲”。元曲包括散曲和杂剧两部分。散曲起源于民间，多来自北方少数民族。散曲也是一种长短句，但比词更为自由活泼。杂剧是一种用北曲来演唱的戏剧形式。元代著名杂剧作家有关汉卿、马致远、王实甫等，他们的代表作分别是《窦娥冤》、《汉宫秋》、《西厢记》。《窦娥冤》通过窦娥的悲剧命运揭露了当时吏治的黑暗和社会的不公，关汉卿以其质朴自然的风格和富于表现力的手法，对当时社会进行了批判。以下是《窦娥冤》中窦娥赴刑场时唱的一支曲子，道尽了无奈与悲愤，痛快淋漓：

【滚绣球】有日月朝暮悬，有鬼神掌着生死权。天地也，只合把清浊分辨，可怎生错看了盗跖颜渊？为善的受贫穷更命短，造恶的享富贵又寿延。天地也，做得个怕硬欺软，却原来也这般顺水推舟。地也，你不分好歹何为地？天也，你错勘贤愚枉做天！哎，只落得两泪涟涟。

明清小说 中国古代社会的后期，也就是明清两代，各种文学形式继续发展，但以小说和戏曲最有代表性。小说有长篇、短篇之分。长篇小说都是章回体，每一章回讲一定长度的故事，形成情节段落，通篇由多个章回组成，故事首尾整齐。章回小说起源于民间说书，因此都是白话小说，容易理解，便于传播。明清小说数量颇多，著名的章回小说有罗贯中的《三国演义》、施耐庵的《水浒传》、无名氏的《金瓶梅》、吴承恩的《西游记》、吴敬梓的《儒林外史》、曹雪芹的《红楼梦》。《三国演义》是一部历史演义小说，集中描写的是东汉末年魏、蜀、吴三国争夺国家统治权的故事，塑造了诸葛亮、关羽、曹操一批具有独特性格的人物形象。《水浒传》是一部英雄传奇小说，描写了宋代一批造反人物反奸除暴、见义勇为、慷慨任侠的故事，成功地塑造了一大批性格鲜明的英雄人物。《西游记》是一部神魔小说，根据唐代高僧玄奘去印度取经的故事创作，充满神奇瑰丽的幻想，并成功地刻画了孙悟空这个正义的化身。《金瓶梅》是一部人情、世情小说，描写宋时西门庆一家暴发和衰落的故事，它在中国小说发展史上有转折意义，小说创作由此开始出现人文主义、现实主义趋向。《儒林外史》是一部讽刺小说，深入刻画了在科举制度和旧的吃人礼教下，一批文人、商人和官吏乡绅的脸谱和丑态。

《红楼梦》是中国古代文学集大成之作，也是中国古代文学发展的顶峰。作者曹雪芹以其家世为背景，描写了封建制度下一个家族由盛而衰直至毁灭的故事。《红楼梦》是一部充满人文主义与现实主义的文学精品，以前所未有的广度和深度真实地反映了清代前期的社会面貌和人情世态。小说塑造了宝玉、黛玉、宝钗、湘云、探春、袭人、王熙凤、贾政等众多有典型意义的人物性格和形象。曹雪芹把中国历史上长期积累的传统文化尽收小说之中，以其丰厚的学识修养，打造出一部文学丰碑，为后人推崇。《红楼梦》有中国传统文化百科全书之美誉，细读一遍，可以大大提高对中国传统文化的了解。

绘本《红楼梦》插图

中国传统小说和西方小说相比，强调故事性和情节，节奏快，对人物心理描写相对较弱。

（六）别样独特的艺术风格

传统的中国艺术，无论是书法、绘画，还是音乐、舞蹈，抑或是建筑、园林，与世界上其他文化表现相比，都有着别样的风格，汇成多彩的中华艺术天地。

书法 书法是传统中国最具特色的艺术形式，体现了东方审美价值。

所谓书法，可以理解为汉字书写的方法或规则。但把书法作为一种艺术，则是专门指汉字的书写艺术，要求立足审美书写汉字，融入创作者审美情趣、个人气质，把汉字写得美，形成风格和特点。书法艺术是以汉字为载体的，而汉字的特点是点线组合，复杂多变，可以组成无数不同的形体，这使汉字有了通过书法进行艺术创作的可能。而汉字保留的一定成分的象形性、象征性、表意性，也为书法家创造一个审美意象提供了条件。汉字的书写工具是笔、墨、砚、纸，也称“文房四宝”。其中用兽毛制成的毛笔，既柔软又吸墨，并且有很强的伸缩性，用它来书写点线组合的汉字，可以使汉字形体更加复杂多变，形成不同的风格。汉字书法创作有三个基本要素，即笔法（书写线条要有美感）、间架（字的笔画搭配要合理）、布局（通过艺术构思将许多字组合成整体篇章）。

中国汉字书法起源很早，还在汉字产生的时候人们便注意到图形线条的变化。甲骨文、金文、篆文、隶书，在形体构架、笔法运用、整体布局等方面都已呈现不同的特点，表现出不同的美感。从西汉后期开始，人们开始对书法艺术有了自觉追求。汉代对书法艺术的一大贡献是创造了章草。章草是一种由草书和隶书相融而成的比较雅致的草体。中国书法到魏晋时期进入了一个全新时代，楷书和行书诞生，出现了钟繇、王羲之两位书法大师。钟繇被称为中国楷书鼻祖。王氏家族在中国书法史上出书法家最多且造诣最深。王羲之及其子王献之在书法史上被并称为“二王”，他们将行书艺术推向新

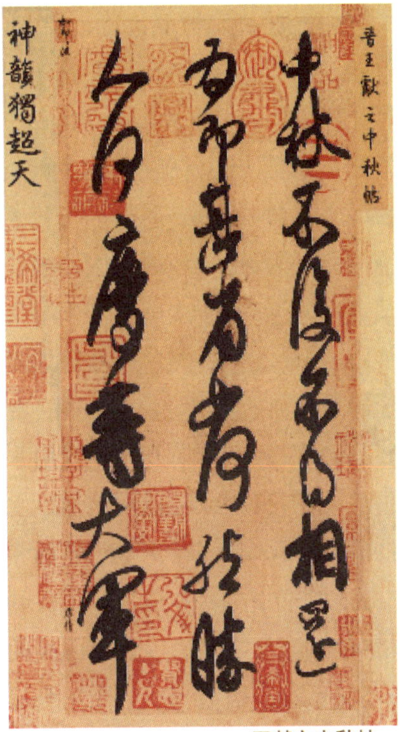

王献之中秋帖

阶段。王羲之的行书作品以被誉为“天下第一行书”的《兰亭序》最为著名。这一时期在中国北方还流行一种被称为“魏碑体”的楷书，书刻在石碑上。到唐朝时，出现了欧阳询、褚遂良、颜真卿、柳公权等书法名家，并使楷书最终成熟。草书在唐时也有发展，出现了狂草。到宋代时，书法一改过去追求完美地体现法度的审美风尚，代之以更多融入书法家的情感和意趣，使书法更加体现艺术品质。苏轼、黄庭坚、米芾、蔡襄，是北宋时最负盛名的书法家，被称为“宋四家”。他们的作品大多活泼自然，不拘成法，独树一帜，富有个性。元代最有成就的书法家是赵孟頫。他的楷书严谨而又秀美，被称为“赵体”。书法在明清两代继续发展，其中最有影响的是明代书法领袖董其昌。他以古为师，以自然为法，在楷书、行书、狂草等书体上均有极高造诣，为后人推崇。明末清初还出现了一批具有浪漫色彩的书法家。他们冲破传统书法规则限制，创作出奇特浪漫作品。

中国的书法艺术在公元2–3世纪传到朝鲜半岛。到公元7世纪，朝鲜的汉字书法进入鼎盛时期，出现了大量的书法人才和作品，许多作品保存至今。大约在公元7世纪，中国书法从朝鲜半岛传到了日本。到8世纪唐朝时，中日文化交流频繁，中国书法家的翰墨之秀弥漫日本。

绘画　绘画与书法，是中国传统文化的双胞胎。如同书法，中国传统绘画也有着独特而鲜明的艺术特点，在各国绘画中别具一格，自成体系。

中国绘画既重写实又重写意，重形似更重神似。在表现技艺上，中国绘画最基本的方法是线条和墨色的运用。笔墨是中国画的核心。中国画与西方绘画的最大不同，是以墨代色。传统中国绘画以水墨画为主。水墨画主要画山水、花鸟，兼画人物。

宋代画家苏汉臣《秋庭戏婴图》

中国绘画同样源远流长。在秦以前便有了帛画、壁画、漆画等多种绘画。到魏晋南北朝时，绘画已开始追求独立的审美价值，大批人物画、山水画出现，并形成了较系统的绘画理论。隋唐时中国传统绘画走向繁荣。展子虔既善于画马又善山水，阎立本、吴道子等善人物画，李思训、王维等善山水画，薛稷等善花鸟画。唐时开始出现用水墨渲染来代替青绿描绘，这便是水墨画，并在晚唐后逐步发展成了中国画的主流。从五代到宋，人物、花鸟和山水绘画大发展。荆浩、关仝、董源、巨然是五代时著名山水画家。宋代画家李公麟创造了白描手法，把人物画创作推向一个新境界，传为他所作的《维摩诘图》，是一幅人物白描精品。宋徽宗赵佶善画花鸟，《桃鸠图》等是其最为有名的传世作品。宋人的水墨梅竹画有很高的成就，文同的《墨竹图》，苏轼的《枯木怪石图》，流传至今。宋代的水墨山水画也有很大发展，

宋徽宗绘《五色鹦鹉图》

苏轼绘《枯木怪石图》

以米芾、米友仁父子为代表。“米家山水”以泼墨、破墨、积墨法作画，大大丰富了水墨渲染法。元代以后，绘画较前代发生了变化，文人画占了主导地位，文人画家多集诗人、书法家于一身，出现了诗、书、画融会趋势。黄公望、王蒙、倪瓒、吴镇为元代最著名画家，号称“元四家”。明清两代中国绘画特别是水墨画的发展更注重总体表现力。晚明书画大师董其昌，博采前人之长，形成清润明秀画风，对清代绘画产生重要影响。清代绘画以“四王”（王时敏、王鉴、王翚、王原祁）、“四僧”（石涛、八大山人、弘仁、石溪，四人均出家为僧）和“扬州八怪”（清雍正、乾隆年间活跃在扬州地区的一批书画家，郑板桥即是其中之一。）最有成就。“四王”是水墨画领域的正统派，功力深厚，其作品追求秀逸、文雅、安闲。“四僧”是反传统派，强调独创，反对泥古不化。“扬州八怪”既继承传统，又重视生活感受，张扬个性，在他们的水墨画中，诗、书、画、印得以完美的结合，对中国近、现代绘画影响巨大。

音乐舞蹈　中国传统音乐舞蹈有着悠久的历史，与西方音乐舞蹈相比，有着明显不同，体现东方文化特色。

据史料记载，早在西周时期，中国人使用的乐器就多达近七十余种。那时，按制作材料的不同，把乐器分为金、石、木、革、土、丝、竹、匏八类，这便是“八音”。1978年在中国湖北出土的战国时期曾侯乙墓中，发现了124件乐器，展示了中国古代灿烂的音乐文明。其中出土的编钟，制作精美，音域宽达五个八度，能演奏七声音阶的乐曲。汉朝和唐朝时期，乐器不断发展，至今流行的一些乐器，如琵琶、二胡、月琴、三弦等，就是那时由中亚等地

五代南唐画家顾闳中所绘《韩熙载夜宴图》（局部）

区传入中原并经改造而成为主要乐器的。中国古代宫廷音乐发达，从业人数众多。据史书记载，唐代繁荣时在宫廷从事音乐工作的人员达数万人，并有专门的音乐机构，负责管理演出人员，并进行音乐整理、研究、创作工作。

中国传统舞蹈最初来源于图腾、巫术、祭祀等活动中的表演，后与音乐一起组成了“乐舞”。西周时，中国有了专门以歌舞为业的女子“伎”，并相应产生了伎乐舞蹈，这种舞蹈在汉代时已达到相当高水平。伎乐舞蹈在很长一个时期内居于中国古代舞蹈的主流地位，因表演这种舞蹈的人受过专门训练，也就使中国古代的舞蹈艺术水平不断得到提高。到唐代时，代表舞蹈艺术最高水平的是由乐舞伎人表演的宴乐歌舞，其中的歌舞大曲是一种集器乐、舞蹈、歌曲于一体的大型表演艺术，所表演的曲目众多。宋代时，又形成一种独特的舞蹈表演形式——队舞。这种舞蹈表演人数众多，每人有明确的角色分工，表演有比较固定的程式，并集歌唱、舞蹈、朗诵、对话等艺术手法于一体，各种手法穿插表演，是一种综合艺术形式。

雕塑 雕塑艺术在中国传统艺术中居于重要位置。它与希腊、埃及、罗马等文明古国雕塑艺术有很大的不同，反映出东方文化特点。

中华文明的起源与雕塑密不可分。在新石器时代以后，中国便有了丰富灿烂的雕塑艺术。起初是陶塑艺术。商周时期的青铜器，体现了高超的雕塑技艺。秦汉以后，中国雕塑艺术不断发展，并在陵墓雕塑、石窟雕塑和佛寺道观雕塑等方面，留下大量艺术精品。中国传统雕塑技艺在发展中吸收、融汇了外来艺术手法，形成了自己的民族特色。1974年，陕西临潼县发现的后来被称为世界八大奇迹之一的“秦始皇兵马俑”，是秦始皇陵墓随葬大型陶制兵马武士俑群，数量多，规模宏大，而且单个的兵马雕得高大粗壮、威武有力，形象各异，面部表情各有特点。秦以后历代帝王的陵寝都有较高艺术价值的雕塑作品。佛教进入中国后，佛教造像在中国逐步兴盛起来，并同中国的传统雕塑艺术相结合，形成新的雕塑风格。佛教造像的一大部分是石窟雕塑，以位于山西大同附近的云冈石窟、河南洛阳附近的龙门石窟、甘肃西部的敦煌莫高窟、甘肃天水附近的麦积山石窟等最为有名。这些佛像造型优美，气质不凡，出神入化，风格各异，具有很高艺术价值。在中国的寺庙中，历史上也留下了很多佛、菩萨、罗汉的雕像，其中不乏艺术精品。

陕西西安秦始皇兵马俑一号坑中的兵马俑军阵

颐和园万寿山前山全景

园林　中国古代园林通过追求自然山水之美表现人文精神，与传统的“天人合一”思想相统一。

中国园林有两个系统，一个是皇家园林，一个是私家园林。经过漫长的历史发展，这两个系统在明清两代达到繁荣的顶点。明朝迁都北京后，加强了对皇家园林的营造。除皇宫内部的御花园外，主要是皇宫西侧的北海、中海、南海，又称“三海”。三海水面狭长，布局自然舒展，与宏伟庄严的皇宫建筑群形成鲜明对照。站在三海景观中心的琼华岛上举目四望，三海、故宫、景山及远处的群山，起伏跌宕，层次分明，蔚为大观，尽显皇家气势与风度。清在明基础上改建了“三海”，并在北京西部新建了几个皇家园林，其中规模最大的是圆明园，力图将天下美景尽收其中。清还在河北承德修建了占地面积达560公顷的避暑山庄，其特点是保持山林的自然形态，在一片林海中穿插布置一些小建筑，营造出一个幽静的境界。

在皇家建造园林的同时，一些官僚、富商、名流、士绅等也着手建造自己的私家园林。私家园林在中国汉代已出现，到魏晋南北朝时私家园林开始以自然山水作为景观的中心。唐代名城洛阳有以自然景观为主的私家园林千余家，具有清雅、幽静的风格。到宋时，私家造园已采用借景、对景等手法，并出现赏石之风。明清两代是中国私家园林的全盛时期，主要集中在北京、南京、苏州、扬州、杭州、无锡等地。北京城内私家园林最多时有150多处，半亩园、一亩园、萃锦园、清华园是其代表；苏州有270多处，拙政园、留园、狮子林、沧浪园是其代表。这些园林的特点是住宅与园林的结合，在住宅内增加生活内容，向居住化发展，而且文化品位不断提升，形成山池、花

江苏苏州拙政园是中国著名的私家园林

木、建筑、雕刻、书法、绘画、手工技艺等各种艺术的综合体。作为中国古典私家园林代表的苏州园林，是文化与生活相结合的精品。苏州园林利用有限空间，巧妙地将人与自然统一起来，以小见大，闹中取幽，打造出人间闲地，表现出很高的艺术审美趣味。

（七）丰富多彩的社会生活

衣、食、住、行，生、老、病、死，以及各种风俗、习惯等，是社会生活的基本内容，也反映着一个国家和民族的文明水平。受儒家思想文化的影响，中国古代先民非常重视社会生活，注重提高生命质量，使人生充满乐趣和幸福。

婚姻文化 婚姻生活是人类得以延续和发展的最初和最基本形式，属于人类自身的再生产。中国的婚姻制度是从原始社会的群婚发展而来的。夏商时期，中国婚制即以一夫一妻制为主，但在贵族中普遍存在一夫多妻现象。秦汉时，中国传统的婚姻模式定型，严格遵行“同姓不婚”的原则，除皇室及一些贵族和有身份的人存在一夫多妻现象外，平民家庭基本是一夫一妻制。中国传统文化认为，男大当婚，女大当嫁，婚姻是一种自然现象，同时对每个人又都是一件大事。中国人通常把婚姻幸福与事业有成视为人生两件大事，叫做“成家立业”。男女一旦成婚，就应彼此恩爱，百年和好，承担各自的义务和责任。中国传统婚礼十分复杂，讲究程式，共分成六个不同阶段，又称“六礼”，即：采纳，是男方请媒人提亲后、女方同意议婚、男方再备礼去女家求婚的仪式，礼物是雁（近代以后用家鹅或木刻的雁）；问名，是请媒人问女方姓名和出生时辰（中国传统称“八字”，通过占卜男女

美国小伙霍夫曼用中国传统婚礼迎娶新娘

生辰八字，推算男女二人成婚是否吉祥）准备合婚的仪式；纳吉，是把问名后占卜合婚的好结果通知女方的仪式，要送聘礼，如首饰、绸缎等，作为婚事已定的信物，此种仪式后世称为“订盟”，现称“订婚”；纳征，是订盟之后男方将聘礼送往女家、进入成婚阶段的重要仪式，又称“完聘”，礼品由箱装并伴鼓乐送往女家；请期，是婚前去女家商定结婚日期时举行的仪式，确定婚期的规矩是男定月，女定日，俗称“提日子”或“送日头”，以避开女方经期；亲迎，是新婿亲往女家迎娶新娘的仪式，为古代婚礼最主要内容，过程复杂。

饮食文化　中国的饮食文化历史悠久，内容丰富，享誉全球。中国古

北京餐馆的美食吸引了很多外国人

代农业文明发达，而饮食与农业文明又息息相关，正是农业的发达为饮食文化的发展创造了条件。在夏商时期，中国的饮食用器已形成炊器、饮器、食器三大类，其中夏代多为陶器，商代多为青铜器。西周时中国的饮食文化已经形成，体现出深厚的礼仪特征。春秋战国时期，漆器开始取代青铜器，被广泛用到日常生活之中。漆器制作精美，使用方便，提高了饮食生活水平。魏晋南北朝时，中国菜肴的九大主味：酸、甜、苦、辣、咸、鲜、香、麻、淡等，都已具备。隋唐时，人们日常生活食用的蔬菜已达数十种，饮食更加讲究品味。宋代饮食文化大发展，首都汴京是南北饮食技术的交流中心，食

品名目繁多，瓷器作为饮食器具也得到广泛使用。明清两代，南方的粮食主要是稻米，北方则以麦为主。玉米、番薯也由美洲传入。清时，中国古代饮食文化达到顶点，形成了苏、鲁、川、粤四大菜系。清代饮食文化的代表是满汉全席，由满点和汉菜组成，山珍海味，水陆杂陈，应有尽有。中国古代，平民的饮食习惯是，冬季每日两餐，夏季每日三餐，农闲时稀，农忙时干。

酒文化　酒在各国文化中都占有一定地位。在中国，酒文化内容丰富，积淀深厚。中国最早出现的酒是果酒，可上溯到石器时代。作为农业文明最发达的国家，中国先民懂得用谷物酿酒距今已有五千多年的历史。西汉后，中国内地有了葡萄酒。唐代以前由谷物酿造的酒以黄酒为主，这种酒通常酒精度不高。宋代以后有了烧酒，这种酒酒精度较高，经过蒸馏工艺而成，可以燃烧，故名之。中国古代还有一种酒叫药酒，在酒中加入中草药用来治病。啤酒是近代以后由西方传入中国的。在夏商周时代，上层多有嗜酒者，但酒在那时主要用于祭祀，然后才是人来享用。酒文化丰富了中国文化的内涵。酒壮英雄胆。酒能使人冲动，产生豪情，意气风发，中国历史上留下了许多对酒当歌、举杯誓盟、醉卧沙场的动人故事。酒浓情更浓。中国人每逢喜事、吉事，每当欢聚时、分别时、高兴时、失意时，总要举杯抒发感情。中国古代诗人留下了许多与酒有关的美妙诗句，如“劝君更尽一杯酒”、“酒逢知己千杯少”、“莫使金樽空对月”、“一醉累月轻王侯”、“诗墨淋漓不负酒”等。

在中国品茶

茶文化　中国是茶的故乡。与酒文化不同，中国的茶文化突出的不是浓，而是淡。茶最早产生于中国西南的云贵高原，在西汉时经四川盆地沿长江东下。长江流域的土壤和气候，很适合种茶。魏晋时期，玄学大兴，尚空谈，讲究清淡，饮茶之风随之盛行，有身份的人要以茶待客。与茶最早结缘的是一些文士、雅士、隐士和僧人。这些人的特点是“逸”和“闲”。唐朝时，《茶经》一书问世，风靡一时，世人皆知茶，中国茶文化体系由此形成。唐时的茶文化认为，清是茶的核心。清就是一种精神和人格，而清与醒是统一的。因此，茶文化蕴涵着清醒与理智。到宋代时，茶在走向宫庭的同时也走向平民，行“玩茶”、“斗茶”之风。明清两代，茶文化继续发展。明代士人重操守，以茶雅志，以茶砺节，以茶砥行，品一盏清茶，味生民苦涩。清时许多文人在茶中寻求开释与抒怀，于茶中静心敛气，求得内心的平衡，正是“斋门长闭客自稀，一盏清茗日相亲”。茶是饮品，但在中国传统文化中，品茶不同于喝茶，品茶已上升到精神文化层面。“品”是鉴赏、玩味、评说。品茶有色、香、味之说。色尚绿，香尚淡，味尚中。品茶时，所用之茶须名茶，如西湖龙井、碧螺春、大红袍、君山银针等；所用之水要好，山水为上，江水为中，井水为下；所用之器须可用，同时要可赏、可鉴、可玩、可藏；品茶的环境要讲究，需清新、安静、干净。

居住文化　中国古代的居住文化主要有四大类型，即干栏式建筑、地

北京一家旅游酒店修成老北京四合院样式

穴式建筑、屋宇式建筑和帐篷式建筑。干栏式建筑属上古时期南方的一种巢居方式。这种建筑的优点是具有一定的防卫能力，且注意到卫生问题，使居住与地面隔开。地穴式建筑是北方原始时期的建筑形式。这种建筑是在地下挖洞，以洞为居。中国北方地区土层深厚，直立性强，含水量少，有利于窑洞开挖。这样的窑洞经济简便，冬暖夏凉，适合居住。取代地穴式建筑的是屋宇式建筑。这种建筑的出现使中国北方先民的居住由地下到了地上，具有明显的农耕文化特征。屋宇式建筑使用版筑法立墙，最大特点是冬暖夏凉，通风、采光良好，出入方便，墙体坚硬结实。为解决这种建筑冬季御寒问题，中国北方地区发明了土炕。帐篷式建筑是中国北方游牧民族创造的一种适合游牧生产需要的民居形式。四合院是一种非常古老而又延续至今的建筑形式，在中国的北方、南方各有不同风格。北京的四合院以其独特的建筑风格和营建方式，成为中国北方四合式民居建筑的代表。中国人很早就重视建筑的选址，并在秦汉时期形成了相地术，俗称“看风水”，从事此行业的人被称为“风水先生”。相地术又分相阳宅和相阴宅，相阳宅是为生者选居址，相阴宅是为死者选墓地。所谓风水，就是对住宅周边气候、地貌、地质、生态、景观等各种建筑环境进行综合评估。

清时满族妇女服饰

服饰文化 从树叶、树皮到兽皮，再到手工纺织材料，在漫长的历史发展中人类服饰不断进步。与服饰相配套的鞋靴、绘绣、冠帽以及各种饰物、发型相继出现，而且根据不同场合、不同季节穿不同服饰，这便形成了服饰文化。夏商周时期，服饰的装饰功能突出，出现了与等级制度相适应的服饰制度。西周的服饰通过质地、形状、尺寸、颜色、花纹来表现等级贵贱之别，国王、诸侯、卿大夫的礼服有严格的等级规定。秦汉

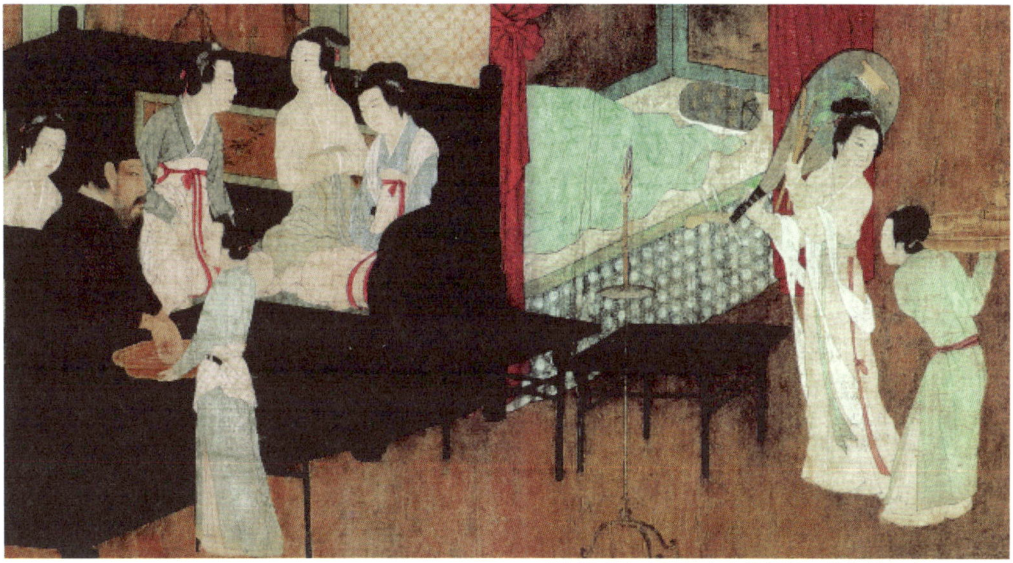

《韩熙载夜宴图》穿唐代襦裙、披帛的妇女

时，服饰文化趋向统一，人们普遍穿上衣下裳连在一起的“深衣”。魏晋南北朝时，讲究服饰之美，体衣（上下衣）、头衣（冠帽）、足衣（鞋袜）成为人们典型的装饰式样。隋唐时期的服饰有官服和民服、男服和女服之分。官服等级森严，皇帝、太子、百官着服各有不同，颜色也不同。唐代女装大都由衫、裙、帔三大件组成，上身穿衫，裙子肥大以至掩地，帔披在肩上，飘垂在腰间。宋代妇女的服装一般上穿衫，下着裙，石榴裙在当时最为流行。北宋末，贵族妇女开始流行缠脚习俗。清时，强令汉人剃发改衣冠，服饰发生重大变化，最终形成既有满族民族特色，又有汉族传统等级标志的服饰制度。长袍马褂是清时男子的典型装束。汉族女装与前代相同，满族女服为旗袍。汉族妇女多缠足，满族妇女不缠。

中国传统主要节日举例

日期	节日	活　动
农历正月初一	春节	一年中的第一天，也称岁首，中国传统第一大节。人人穿上新衣，互相祝贺，或到亲友家中拜年。拜祭祖先，全家吃团圆饭。放烟花，舞狮龙，充满节日气氛。
农历正月十五	元宵节	新的一年第一个月圆日。吃汤圆，寓意团圆。挂彩灯，猜灯谜，踩高跷，扭秧歌。
农历二月初二	龙头节 又名二月二	祭祀龙神，祈求风调雨顺、五谷丰登
公历4月5日 或前后一天	清明节	在春季的后期，此时万物皆洁齐清明。到郊外饮酒赋诗，弹吹歌舞，放风筝。扫墓祭祖是当天的一项主要活动。
农历五月初五	端午节又称端阳节、重午节等	传说为了纪念伟大的爱国诗人屈原。家家吃粽子，插菖蒲艾叶，喝雄黄酒，举办赛龙舟活动。
农历七月初七	七夕又名 乞巧节	传说天上的牛郎、织女二星在此夜借鹊桥相会。妇女摆香案、供瓜果，穿针引线，向织女乞求智巧。
农历八月十五	中秋节	秋季传统的重大节日，地位仅次于春节。中秋为花好月圆之时，人们由天上的月圆联想到人事的团圆。家家团聚，吃月饼，赏月、赏灯、猜谜，摆设各种瓜果拜月。
农历九月初九	重阳节	人们在这天登高、赏菊、插茱萸。后演变成老人节。
农历十二月三十 或二十九	除夕	旧岁之终、新岁来临之前夜。中国人一年一度的文化心结，一家团聚，贴对联、贴门神、贴年画，拜祖先，吃年夜饭，在爆竹声中辞旧迎新。长辈给晚辈压岁钱。除夕之夜有的人整夜不睡，称作守岁。

五、帝国的终结
与建立近代化国家

UNDERSTANDIN CHINA

自公元前2世纪以来一直处于世界领先地位的中华帝国，到1840年以后，发生了“三千年未有之大变局”。

19世纪中叶以后，在西方国家的坚船利炮面前，中华帝国成为列强宰割瓜分的对象。此后，先进的中国人开始寻找救国救民真理，探索中国的近代化发展道路，经历了从技术上向西方学习的办洋务，从制度上向西方学习的体制改良和革命，从思想上向西方学习的文化革命运动，直至中国共产党领导的新民主主义革命。经过100多年的不懈奋斗，中国终于走上了新的发展道路。

（一）清帝国的封闭与衰落

17至19世纪，世界发生着深刻变革。英国通过“光荣革命”和工业革命率先进入近代国家，法国通过大革命走上共和道路，美国通过独立战争和南北战争使国家强大起来，德国通过统一和推行工业化而走上崛起之路，俄国和日本也通过向西方国家学习逐步进入近代国家行列。而与此形成鲜明对照的是，经过100多年的鼎盛期的清朝，逐步走向衰落。

排斥外来文明。1840年鸦片战争前，清政府自视为“天朝”，是天下最大的也是最强的国家，所有外国都是“朝贡国”，只能在“天朝”之下，向中国称臣，向中国学习，不能与中国并列。18世纪清乾隆时，正值西方推进工业革命和建立近代国家制度之时，世界格局正在发生重大变化，而这位皇帝对外界发生的一切全然不予理睬。1793年，清乾隆皇帝在接见英国使臣时，仍傲慢地吹嘘：“天朝统驭万国”，“天朝抚有四海”，“天朝物产丰盈，无所不有，原不籍外夷之物，以通有无”等，沉浸在“天朝上国”的虚幻之中。同时，尽管古代中国有“四大发明”，但以儒家思想为核心的中国传统文化，注重的是“修身、齐家、治国、平天下”，不提倡发明创造，甚至认为那些有利于提高生产技术的手段只是奇技淫巧。因此，当一些西方传教士将钟表、枪支等带到中国时，多数清政府官员只将其视为观赏之物，而不研究学习。

采取闭关锁国政策。虽然中国的郑和船队早于西方探险家几十年即开始远洋活动，但中国的明朝统治集团并没有把此举作为发展对外关系的一项长期政策延续下去。相反，统治集团以防止海盗骚扰和他国侵扰为由，竟采取了“禁海”措施，严格限制通过海上与外部世界发生关系。这使得中国丧失了一次与外部世界发展关系的极好机会。自16世纪起中国几乎中断了与外界的海上贸易，而此时正是葡萄牙、西班牙、荷兰等国开拓海外市场的时候。清朝执行了比明朝更为严厉的禁海政策，禁止民间商船出海贸易。到19世纪清朝中期，禁海政策愈演愈烈，逐步收缩通商口岸，从福建、广东、江苏、浙江四省减少到广东一省，从大小百个左右通商口岸减少到广州一个口岸。对外国商人在广州的经商活动也做出严格限制，如外国商人必须住在广州城外的商馆，通过中介才能进行贸易。采取限制海上贸易政策，非但没有起到抵制侵略的作用，反而使中国失去对外贸易的主动权和机会，极大地限制了中国人的视野，拉大了中国与世界的距离。

推行文化专制主义。帝王政治本身就是一种文化专制，推行愚民政策。清时这种文化专制达到了顶点。17世纪中叶，清廷宣布禁止学者创立书院，

《各国庆寿图》清末年画。1903年，多年垂帘听政的慈禧太后70寿辰，各国使节前来贺寿

纠众结社，并禁止言论与出版的自由。民间出版只准出与科举有关的书籍，严禁出版“琐语淫词”、“窗艺社稿”，违者从重治罪，企图以此达到禁锢人们思想的目的。为加强文化控制，清廷规定，讲解儒家经典必须以宋儒朱熹的诠释范本为依据。科举考试必须按照宋儒的传注，写作教条的、死板的八股文。特别令人望而生畏的是，清中期还大兴“文字狱”，望文生义，以只言片语定罪，置人于死地。康熙时，有一个叫戴名世的人写了一部名为《南山集》的书，因其中有“反清”思想，清廷进行了严厉镇压。戴名世处斩，祖孙三代直系、旁系亲属，年龄在16岁以上的，全部斩首，其他受株连的有几百人。

如同人们对罗马帝国为什么最终衰落表现出浓厚兴趣，中华帝国为什么到近代以后走向衰落，没能在世界上继续领先，也是人们感兴趣的话题。答案自然有许多，但以下几点是人们普遍认识到的。

小农经济束缚生产力发展是一个根本原因。中国古代文明是典型的农业文明，它以地主的土地所有制为经济基础，以自给自足的自然经济为主要形式。农民从地主那里得到土地耕种，向地主缴纳地租。为解决生计，农民们在从事农业生产的同时，又必须从事家庭手工业劳动。这种以家庭为单位的生产组织以及小农业和小手工业紧密结合的自给自足的小农经济，可在一定时期缓解社会矛盾并维持在低水平上发展。但在根本上，这种土地地主所有、经营条块分割和生产各自为战的局面，不利于社会分工的优化、生产规模的扩大和生产技术水平的提高。小农经济导致人们在思想上进取不足，保守有余。

君主专制制度的长期存在是一个重要原因。在一定时期，中央集权的君主专制制度对社会发展有促进作用，但这种制度的弊端又是十分明显的，其长期存在必然严重阻碍社会发展进步。在世界各国中，中国古代君主专制制度持续的时间可以说是最长的。分散的、一

这幅宋代绘画描绘了当时收割水稻的情景

清时全家都参与经营的传统小店

家一户的、自给自足的小农经济是君主专制制度长期存在的广阔沃土。同时，儒家思想文化产生于小农经济社会，是君主专制制度的精神支柱。一个值得注意的现象是，秦朝以后中国历朝历代都涌现出许多思想家，但绝大多数不是另立学派，而是集中在对儒家思想文化的阐发上，是在为君主专制制度服务。此外，与专制制度相适应的权力体制十分完备，并在清朝时发展到了顶峰，这一制度以皇帝为中心，在中央和地方形成一套完整严密的庞大官僚体系。专制制度的长期存在使每个人的个体不能得到充分发展，全社会缺乏创造性和进取精神，导致发展滞后。

推行重农抑商政策是一个直接原因。没有商业和市场的发展，就不会有竞争和创造性。中国有句俗语说：民以食为天，食以粮为源。由于人口众多（清时，中国人口增长很快，1750年已达2.5亿，1800年已超过3亿，1850年时更达到4.3亿），在中国古代，农业历来都被视为立国的根本，而商业则被视为枝末，只是补充，甚至可有可无。在传统中国，商人的社会地位相当低，长期受到鄙视。一位终身务农的人，会被认为是良民，而一位从事商业经营活动的人，则会被认为是奸商（指从事买卖活动有欺诈性）。由于历朝历代采取抑商政策，常以官办的方式垄断有可能被商人支配的行业，如盐、铁、酒等，甚至将运输业、手工业等也限由官营，结果使民间商业始终在夹缝中生长，举步维艰。重农抑商政策导致中国的商品经济长期不能得到充分发展，资本、技术、人才等都不能得到较好运用。这也是中国社会发展与西方的最大不同点之一。

（二）鸦片带来的无穷灾难

鸦片，本是从一种植物中提取的毒品。久吸鸦片，不仅成瘾，很难断绝，而且严重危及身体健康，丧失劳动能力，直至死亡。但就是这种毒品，与近代中国的命运息息相关。中国历史的发展因鸦片而发生转折，中国与外部世界的关系因鸦片而发生变化。鸦片带来了中国与英国等西方国家的战争。因战败，向西方国家割地赔款，中国逐步沦为半殖民地半封建社会。

向海外进行殖民扩张，是地理大发现后西方列强走的一条共同道路。首先向中国进行殖民扩张的是英国，利用的工具便是鸦片。1840年鸦片战争前的数十年间，如果按中英正常贸易计算，中国一直处于出超的有利地位。当时，由中国输往英国的货物主要是茶叶、生丝等产品，由英国输入中国的货物主要是毛织品和金属品。英国商人为更多地掠夺中国财物，牟取暴利，便在鸦片这种毒品身上打起了主意，竟通过非法渠道向中国大量走私特殊商品鸦片，企图进一步打开中国市场。

从18世纪初开始，英国商人便向中国输入鸦片，开始了罪恶的毒品贸易。从19世纪30年代起，在英国输入中国的货物中，鸦片一项竟占一半以上，且数量在逐年增加。1823年为9035箱（每箱装有约65公斤毒品），1830年为19956箱，1836年约为30000箱，1838年约为40000箱。据估计，1835年时，

清时吸食鸦片者

南京条约签订场面（绘画作品）

全国吸食鸦片的人数在200万以上，以后随着进口的增多吸食人数不断增长。

鸦片的严重泛滥极大地破坏了中国社会经济的发展，损害了人民身体健康，引起了清政府的高度关注。清道光皇帝任命林则徐为钦差大臣，前往位于南方的对外贸易中心城市广州查禁鸦片。林则徐当时是这样表达他的查禁决心的："若鸦片一日未绝，本大臣一日不回，誓与此事相始终，断无中止之理。"在地方政府和人民的支持下，1839年6月25日，林则徐将从烟贩手中缴获的鸦片在虎门海滩当众销毁。这便是中国近代历史上有名的"虎门销烟"。

中国正义的禁烟斗争引起英国的强烈不满。英国商人们要求政府立即发动对华战争，用武力迫使中国政府接受他们的条件，打开广阔的中国市场。1840年4月，英国议会通过了发动对华战争决议案，悍然派兵侵略中国。这就是第一次鸦片战争，战争以清帝国的失败而告终。1842年8月29日，在长江下游城市江苏南京，清政府代表与英国政府代表签订了近代中国历史上第一个不平等条约——《南京条约》。通过这个条约，英国从中国取得了许多权利：中国将香港岛割让给英国(直到1997年被中国收回)；中国开放广州、福州、厦门、宁波、上海五处港口为通商口岸；中国向英国赔款2100万两（相当于清政府全年财政收入的1/3）等等。英国还通过与清政府签订的《虎门条约》，取得了在中国的领事裁判权、片面最惠国待遇、居住和租地权等权利。此后，美国、法国等国也通过与清政府签订条约得到了与英国相同的权利。

鸦片战争是近代中国与西方国家的第一次战争，也是近代中国历史的开端。此后的100多年间，中国陷入落后挨打的境地，战争、割地、赔款，接连不断，以下是其中主要几次：

——1856年，第二次鸦片战争。英国、法国为进一步打开中国市场，又一次发动侵略战争，中国再一次战败。英法两国联军攻入中国皇城北京，占领圆明园，大肆抢掠，并纵火焚毁。1858年6月，中国被迫与英、法分别签订中英《天津条约》和中法《天津条约》，主要内容有：外国公使常驻北京；

圆明园遗址

增开今天的营口、烟台、台南、淡水、汕头、琼州、汉口、九江、南京、镇江十处港口为通商口岸；对英赔款白银400万两，对法赔款白银200万两。此后，中国还与美国、俄国签订中美《天津条约》和中俄《天津条约》，美国、俄国得到了与英国、法国在华同样的利益。

——1894年，中日甲午战争。发动这次侵华战争的不是西方国家，而是一个东方国家——中国的近邻日本，中国又一次战败。按中国传统纪年，这一年是夏历（或农历）甲午年，故称甲午战争。战争发生在中国北部黄海，是近代历史上少有的一次大规模海战。战争中清政府苦心经营多年并具世界先进水平的北洋舰队几乎全军覆没。这是日本经过1868年明治维新走上新的发展道路后的一次重要对外扩张行动，也是历史上长期向中国学习的近邻岛国第一次战胜中国，中国举国上下为之震惊。1895年4月，在日本马关，清政府代表被迫与日本签订中日《马关条约》。条约规定：中国割让辽东半岛、台湾全岛及所有附属各岛屿和澎湖列岛给日本（此后日本对台湾进行了半个世纪的殖民统治，直到1945年中国人民取得抗日战争胜利才收回）；赔偿日本军费二亿两白银（相当于当时中国年收入的3倍，日本年收入的4倍）；增开今天的沙市、重庆、苏州、杭州四个通商口岸；允许日本人在中国通商口岸开设工厂。《马关条约》使中国的半殖民地化程度进一步加深。

——1900年，八国联军侵华战争。俄国、英国、美国、日本、德国、

外国强加给中国的战争赔款统计表

1841年	中国向威胁广州的英国人支付600万两白银
1842年	中国向英国支付2100万两白银
1858年	中国向英国支付400万两白银 中国向法国支付200万两白银
1860年	中国支付1600万两白银，其中一半赔给英国，另一半赔给法国
1862—1869年	继传教士和中国居民之间的教案之后，赔款约40万两白银
1870年	继天津教案后，中国向法国赔款49万两白银
1873年	继日本侵占台湾之后赔款50万两白银
1878年	向俄国赔款900万两白银
1881年	中国为收回对伊犁河流域部分领土主权，向俄国支付900万两白银
1895年	在中国战败之后，向日本赔款2亿两白银
1897年	作为日本军队撤出辽东半岛的条件，向日本赔款3000万两白银
1901年	向西方联军赔款4.5亿两白银
1922年	作为撤出山东胶州的代价，向日本赔款6600万金法朗

资料来源：［法］谢和耐著：《中国社会史》，中国藏学出版社2006年第1版。

法国、意大利、奥地利等八国为维护和扩大在中国的利益，发动了这场战争，战争还是以中国失败而告终。此次战争，八国联军共动用兵力约10万，不仅攻占了天津等北方重要城市和地区，还占领了北京，迫使清政府逃往西安。八国联军在北京等地恣意屠杀，抢劫财物，焚烧房屋，致使百姓流离失所，灾难深重，国家大量典章文物、国宝奇珍惨遭洗劫。1901年9月，清政府代表与八国联军各国及西班牙、比利时、荷兰共11国代表正式订立了中外条约。因这一年是中国农历辛丑年，条约又被称为《辛丑条约》。条约内容涉及中国赔款，在北京设立“使馆区”并在使馆区内驻扎军队，准许外国派兵驻守从北京到山海关铁路沿线12个战略要地，永远禁止中国人成立具有反对外国人性质的组织，以及将办理对外事务的总理各国事务衙门改为外务部等。《辛丑条约》进一步加强了西方列强在中国的势力和影响。条约中关于赔款规定：清政府向各国赔款白银4.5亿两，以关税、盐税等作担保，分39年还清。加上年息4厘，本息共计9.82亿两。这就是习惯上被称作的“庚子赔款”（八国联军发动战争的1900年是夏历庚子年），是西方列强侵略中国以来数额最大的一笔赔款，清政府的财政由此陷于枯竭，并极大地加重了中国人民的负担。

八国联军入侵北京（绘画作品）

——20世纪30至40年代，日本发动全面侵华战争。1931年9月18日，日本驻中国东北军队发动攻击沈阳城事变，即“九一八事变”并在几个月时间内占领东北辽宁、吉林、黑龙江三省。1937年7月7日，日本侵略者以士兵失踪为由，在北京城外制造卢沟桥事变，发动全面侵华战争，中国大片国

上海各界人民庆祝抗战胜利

土沦陷，中华民族面临灭顶之灾，人民惨遭浩劫。日本法西斯侵略者每占领一地，便采取各种野蛮残暴手段，极尽烧杀、抢掠、奸淫之能事。日本侵略者在中国推行殖民统治政策，扶植傀儡政权，实行移民开发，展开文化侵略，掠夺资源财富。在侵略者的屠刀面前，中国人民没有屈服，而是同仇敌忾，团结一致，共同对外。中国共产党和中国国民党以及各种爱国政治力量和派别，组成广泛的抗日民族统一战线，并联合美国、苏联、英国等世界反法西斯力量，进行了长达14年的抗日战争，1945年8月15日，日本侵略者宣布投降，中国人民取得了抗日战争的胜利。这是1840年以来中国人民反对外族入侵的第一次胜利。中国为争取抗日战争的胜利付出了巨大的民族牺牲。据统计，中国人民伤亡人数在3500万人以上，财产损失和战争消耗达5000多亿美元。

（三）从开眼看世界到寻求自强

中国人对西方世界的重新认识始于鸦片战争的失败。鸦片战争的失败，使一些先进的中国人痛感中国在技术上已落后西方，必须追赶，寻求自强。

林则徐是近代中国开眼看世界的第一人。鸦片战争前，林则徐和大多数清朝官员一样，对中国以外的世界知之甚少。在受命处理鸦片事务时，为寻求御敌之策，他开始了解研究西方国家情况，观念发生转变，提出了“师敌长技以制敌”的思想。他组织翻译外国报纸和书籍，包括英国人慕瑞励著的《四洲志》(原书1836年在伦敦出版)等著作，向中国人介绍西方国家的历史地理、经济法律、军事技术、科学文化等方面情况。魏源是继林则徐之后又一位力主向西方国家学习技术的清朝官员。他反对盲目自大，批判拒绝学习西方“长技”的保守思想，主张借鉴西方技术，并明确提出“师夷人之长技以制夷”的主张。他在林则徐主持编译的《四洲志》的基础上，增补大量资料，完成了著名的《海国图志》，详细介绍了世界各国的地理、历史和现状，对开拓中国人思想和眼界产生了较大影响。

19世纪50–60年代，清朝统治出现新的危机。1851年，农民运动领袖洪秀全领导“太平军”在中国西南广西桂平县金田村起事，建号“太平天国”，并迅速发展壮大。1853年，“太平军”占领南京，改南京为天京，定为都城，正式建立与清政府对峙的政权。1860年以后，清政府全力镇压太平天国。1864年，清军攻陷天京，太平天国运动失败。

19世纪60年代以后，在镇压太平天国运动中，曾国藩、李鸿章、左宗堂、张之洞等清朝的一批重要官员，为使清王朝的统治得以继续，将林则徐、魏源等向西方学习技术的思想付诸实践，办起了“洋务”，开始“自强新政”，并将这一发展模式界定为“中学为体，西学为用”。因为是向西方学习，而西方又被认为是“洋人”的世界，所以在中国历史上这场运动又被称为“洋务运动”。

清政府办洋务跨越时间长达30多年，涉及内容广泛。

——设置与外国打交道的外事机构。1861年1月，清政府正式成立“总理各国事务衙门”（简称总理衙门），主管对外交涉和通商、关税等事务。之后又设立南洋通商大臣和北洋通商大臣，分别主管南方（长江以南和长江流域）和北方沿海省份的通商和对外交涉事务。同时，清政府还于1861年成立总税务司，设正、副总税务司各一人，由西方人担任，负责管理全部海关税务。英国人赫德掌管总税务司长达48年。

——开办学堂和派遣留学生。中国近代教育始于洋务运动。从19世纪60年代起，清政府开办了一批学习“西文”（西方国家语言文字）和“西艺”（西方国家技术）的新式学堂，培养各类洋务人才。1862年，一个被称之为“同文馆”的学堂在北京成立，美国人丁韪良被任命为同文馆第一任校长，且总管校务长达32年。据统计，洋务官员共创办各类新式学堂20多所，培养了一批外语、工程、电报、轮船、矿务、武器、医学等方面人才。中国近代第一批赴欧美留学生也是在办洋务过程中派出的。

1872年中国清政府派遣的首批赴美留学幼童

——训练新式军队和建设军事工业。洋务官员认为，中国的典章制度远远超过西方，只有“火器”不如人，只要学习了外国先进的军事技术，中国就可以强大起来。自1861年到1890年代，洋务官员在全国创办的军事工厂（局）有20多所，主要制造枪支、火炮、弹药，同时也生产钢铁和制造轮船。中国近代工业由此发端。

洋务企业

——兴办近代民用工业。洋务官员以“求富”为宗旨，把“求强”与“求富”结合起来。自19世纪70年代到90年代，洋务官员共兴办民用企业20多个，集中在采矿、冶炼、纺织等工矿业和航运、铁路、电讯等事业。

洋务运动是中国近代经历了两次鸦片战争失败后第一次主动向西方学习，也是一次在统治集团体制内进行的工业化运动。由于这一运动只限于技术层面，其局限性也是十分明显的。而随着中国在中日甲午战争中的失败，也宣告了洋务运动的破产，历史表明仅靠办洋务是解决不了中国的根本出路的。

经过洋务运动，中国人对世界的看法真正发生了改变。1840年鸦片战争前，西方人来到中国，清政府的官员十分蔑视，不愿与他们打交道，只命令商人与之接触。而一些与外国人打交道的人，也很让人看不起。由于对外面世界知之甚少，清政府没有人肯出国办外交，一直到1876年才派遣本国人做驻英法等国公使。经过几十年办洋务，东西方接触日益增多，中国人对待外部世界的观念也在发生变化。在普通中国人眼中，西方人也由过去的“夷人”（带有一种轻蔑意思）逐步变为“洋人”（带有一种推崇意思）。

（四）建立近代国家体制

洋务派官员惨淡经营的北洋海军在1894年中日甲午战争中几近全军覆灭，以及中华民族面临的严峻生存危机，使一部分先进的中国人对国家的发展路向做了进一步思考：仅靠学习西方技术难以实现富强，不能改变中国挨打的命运，必须从制度入手，实行维新变法，建设先进国家，于是产生了19世纪末和20世纪初的戊戌变法运动和辛亥革命。

戊戌变法运动，又称维新变法运动，因主要活动发生在中国农历戊戌年（公元1898年）而得名。这是一场帝制改良运动，试图通过走英国“光荣革命”和日本“明治维新”那样的道路，对清政府专制体制进行一定的改造，既保留君主制的体统，又实行议会内阁制，使皇权和行政权分开。这场运动的领袖人物是康有为和他的学生梁启超。他们宣传西方社会政治学说，推崇进化论思想，严正驳斥封建顽固思想和洋务派只向西方学习技术而不进行维新变法的做法。变法是要改变千年以来的专制体制，为中国传统文化和社会所难以接受。为制造变法维新的理论根据，康有为在他的著作中把近代西方的民权、民主、平等等思想和议院、选举等政治规则，都说成为孔子所创，并把他自己打扮成孔子道统的真正继承者。

1895年4月，康有为联合在北京参加应试的举人（经过科举考试取得功名的一种称谓）1300多人，上书光绪皇帝，提出发展近代工业和实行君主立宪制度的要求，这便是在中国近代史上有着重要影响的“公车上书”事件。这一事件的发生表明知识阶层开始成为救亡运动的主流。康有为等人的维新变法主张得到清皇帝的支持，但遭到握有大权的慈禧皇太后等顽固守旧势力的敌视和反对。慈禧代表的顽固派坚持“祖宗之法不可变”，声称“宁可亡国，不可变法”，认为民权之说“无一益而有百害”。1898年6月11日，光绪皇帝颁布“明定国是”诏书，宣布变法。从这一天起，到9

月21日慈禧太后发动政变，废除“新政”，历时103天，所以中国史书又称之为“百日维新”。

戊戌变法以失败而结束，但经过此次运动，近代西方民主思想在中国得到初次传播。戊戌变法的失败，也宣告了在中国不可能走英国或日本式的君主立宪道路，通过革命推翻帝制，成为中国挽救危亡和建立近代国家的新的选择。担负起这一历史任务的是孙中山及其革命派。

中国建立近代国家的革命运动，从严格意义上说是从孙中山开始的。正是孙中山领导的辛亥革命，推翻了统治中国两千多年的君主专制制度，使民主共和成为中国的政治选择。

孙中山于1866年出生在中国南方的广东省香山县（今广东中山）。这一地区对外开放较早，与外界接触较多。孙中山的哥哥早年远赴檀香山（今美国夏威夷）发展，并成为华侨资本家。孙中山少年时即投奔哥哥，并在哥哥资助下接受完全的西方教育，包括自然科学知识和社会政治学说，产生了“改良中国”的愿望。1894年，孙中山联合一些革命志士，成立了革命团体——兴中会（意即复兴中国），提出“驱除鞑虏，恢复中华，创立合众政府”的革命主张，发誓推翻清朝专制统治，建立民主共和国家。

孙中山像

19世纪末20世纪初，中国的救国运动风起云涌，“光复会”、“华兴会”等各种革命团体相继出现，并产生组建全国性革命政党的要求。1905年8月，孙中山联合黄兴、宋教仁等革命团体领袖，以“驱除鞑虏，恢复中华，创立民国，平均地权”为纲领，在日本东京成立“中国同盟会”（简称“同盟会”，后来的中国国民党即由此而来），设本部和国内外九个支部，使之成为一个全国性的革命政党。孙中山在为同盟会机关刊物《民报》写的发刊词中，将同盟会的十六字纲领归纳、阐发为民族、民权、民生三大主义，即“三民主义”。民族主义包括“驱除鞑虏，恢复中华”两项内容，就是推翻满清王朝，使中国成为独立的国家；民权主义的内容是“创立民国”，即推翻专制制度，建立近代西方民主共和国家；民生主义的内容为“平均地权”，它是对土地核定地价，把革命成功后因社会经济发展增长的地价收归国有，并逐步由国家向地主收买土地。因上述孙中山的三民主义思想主要在推翻帝制和创立民国，因此又被称为“旧三民主义”。

同盟会的成立和三民主义思想的提出，预示着中国革命的一个新阶段即将到来。经过多年的组织、思想、舆论准备，终于酿成1911年10月10日在中国中南部重镇武昌（武汉的一部分）爆发的武装起义，并继而引发成全国范围内的辛亥革命（1911年为中国农历辛亥年）。辛亥革命以其迅猛洪流冲垮了清王朝的封建统治。1912年1月1日，经17省代表选举，孙中山在南京宣誓就任临时大总统，宣告中华民国临时政府成立，并以1912年为民国元年，改用公历。接着，成立临时参议院，作为立法机关。此时，中国的北方仍然为清王朝势力所控制。为结束南北对立，尽快建立一个统一的共和政权，南方向北方做出让步，以清帝退位等为条件，将临时大总统职位交给清朝重臣袁世凯。1912年2月12日，清帝宣布退位。4月1日，孙中山正式解除临时大总统的职务。2日，临时参议院决议将临时政府迁往北京，而不是孙中山等人早先希望的南京。至此，在中国这个古老的东方国家，持续了2000多年的君主专制制度终于瓦解，一个具有近代意义的民主共和国家初步构建起来。

1913年4月8日，中华民国第一届国会在北京举行开幕典礼

此后，中国的南方和北方处于不同势力控制之下，革命党人的活动基本在南方（以广东为中心），由清朝军人转变而来的军阀势力基本在北方（又称北洋军阀），直到1928年南京国民政府统一全国。

（五）新的文化启蒙运动

任何一个社会的进步，说到底是思想文化的进步。近代中国思想文化的发展，是与救亡运动相伴而行的。救亡的过程，也是启蒙的过程。

建立在自然经济基础之上的古代思想文化，在一定历史时期有其合理性，对社会发展进步产生了积极作用，但在根本上是不适应近代社会生产力发展要求的。在君主专制社会里，人们受到君权、神权、族权、夫权的严重压抑，根本谈不上自由、平等。打破旧的文化，倡导新的文化，是中国近代化的必然要求。

近代中国的启蒙运动始于19世纪末的维新变法时期。维新派人士在宣传变法思想时，把介绍近代西方思想文化作为一项重要内容，希冀以此改变中国人思想观念的落后状况，开启民智。他们曾大量翻译出版介绍西方社会政治学说的图书，其中影响最大的是严复翻译的《天演论》一书。此书原名为英国生物学家赫胥黎的《进化论与伦理学》。赫胥黎在书中用达尔文关于生物进化的原理，解释社会发展规律和人与人之间的关系，认为“物竞天择，适者生存”的生物进化规律同样可以用来解释人类历史的发展。在人类社会里，人与人之间以及种族与种族之间，也同生物一样相互竞争，只有最适宜生存的，才能生存下来。这种

严复铜像和《天演论》石刻

理论成为西方列强推行海外扩张政策的依据，但从挽救民族危亡的立场出发，在面临被列强瓜分的危机时刻，能够激励中国人救亡图存。按照这一理论，中国只有变革，才能变弱为强，否则就会被淘汰。

20世纪初辛亥革命时期，以孙中山为代表的革命家，奉近代西方民主思想为圭臬并大力宣传，掀起了一场以宣传民主共和思想为中心的文化启蒙运动。他们坚定地指出，在革除专制、建立共和已成为大势所趋和人心所向的历史条件下，落后民族和国家的革命必然选取先进的民主制，并满怀信心地认为，有着几千年历史的中华民族，决不会没有实行民主共和的能力。孙中山本人甚至对西方三权分立学说做了发展，提出“五权宪法”（在行政、立法、司法三权基础上又增加考试、监察两权）主张，强调通过考试录用官员和对官员的监督。1912年中华民国创建后，孙中山等人利用政权的力量，公开、合法地大力宣传自由、平等、博爱等思想主张，并通过制定《中华民国临时约法》，力图将西方国家一系列民主宪政原则以国家根本大法的形式在中国确立起来，使民主共和成为新国家每个公民的意志。

《中国民国临时约法》书影

《新青年》书影

虽然辛亥革命推翻了君主帝制，使民主共和思想进一步深入人心，但在一个有2000多年专制文化传统的国家，民主共和之路不可能是一条坦途。1916年，已就任中华民国大总统的袁世凯公然称“中华帝国”皇帝，开历史倒车，遭国人讨伐，在作了83天皇帝美梦后忧惧而死。这也充分说明，彻底清除旧的思想文化的影响，仍是一项重要历史使命。

以1919年“五四”运动的爆发为标志，在此前后，以陈独秀、李大钊、鲁迅、胡适等为代表的一批激进民主主义者，高举“民主”、“科学”大旗，通过创办《新青年》杂志，发起了一场新文化运动，向旧文化发起了猛烈进攻。至此，中国近代的思想文化启蒙运动达到了一个高潮。

20世纪20年代前后的新文化运动时期，激进的民主主义者历数了当时中国社会的黑暗，痛陈了专制制度的罪恶，号召青年一代充分认识中国在世界上的地位，以求实和进取的精神，为战胜恶社会而自觉奋斗。新文化运动的战士们将“人权”与“科学”并提，倡导人权平等和科学精神，否定“君权神授”、“祸福天定”等谬论，反对统治者愚民政策。针对当时存在的尊孔复古逆流，陈独秀把批判锋芒直接指向作为专制制度支柱的儒家学说，认为按照儒家“三纲之说”，为臣、为子、为妻皆为附属之物，没有任何独立自主的人格可言，因此，这种封建主义的宗法纲常体系和民主共和制度是根本不相容的。

反对旧文学，提倡新文学，是新文化运动的一项重要内容。学者胡适等人发出“文学革命”的号召，提出改革文学体裁和形式，反对文言文，提倡白话文。作家鲁迅用他的文学作品对儒家旧的伦理道德展开批判，发表《狂人日记》、《阿Q正传》等小说和杂文，使新文化运动的反封建斗争达到了前所未有的深度。

正当中国的新文化运动呈如火如荼之势时，传来了1917年俄国十月革命胜利、劳动人民翻身解放的消息，这对于如饥似渴般寻求救国真理的中国人民来说，无疑是雪中送炭，欣喜之情不难想像。于是，歌颂俄国十月革命，宣传马克思主义，主张中国走俄国十月革命道路，成了新文化运动的发展方向，出现了李大钊、陈独秀、毛泽东、周恩来等一批具有初步共产主义思想的知识分子。

（六）国民革命运动的起伏

辛亥革命虽然推翻了满清王朝的君主专制制度，但西方列强依然对中国进行着殖民统治，人民的权利仍旧无法得到保障。

破坏共和的事件接连发生。先有暗杀内阁第一大党总理事件发生（1913年3月国民党负责人宋教仁在上海遇刺身亡），孙中山为此发动了“二次革命”（意为完成辛亥革命未竟事业）；继有1916年袁世凯复辟帝制事件，孙中山等人发动护国运动，意在维护中华民国体制；后有北洋军阀毁弃《临时约法》事件，孙中山等人两次发起护法运动。一时间，议会制、总统制、内阁制，在中国粉墨登场，但都没有解决中国的问题，却成为军阀政客借用的招牌。

上述事实使孙中山深感中国革命的任务还没有完成，还要继续努力。他总结革命失败教训，并借鉴俄国革命的成功经验，认为革命之所以出现反复，关键是缺少一个领导革命通向胜利的坚强有力政党。他决定“以俄为师”，采取联俄、联共和扶助农工三大政策，并重新解释三民主义，将反对帝国主义侵略和“节制资本”作为重要内容。1924年1月，经过充分准备，中国国民党第一次全国代表大会在南方的广州举行。此次会议，孙中山仿照俄共模式建党，完成了对中国国民党的改造，强调“以党建国”、“以党治国”，

中国国民党陆军黄埔军官学校旧址

并吸纳中国共产党人加入国民党，开始了第一次国共合作。国民党一大后，孙中山参照苏联红军学校建制，于1924年5月创办了中国国民党陆军军官学校，因校址设在广州市郊的黄埔岛上，故称为黄埔军校。

1924到1927年间，在国共两党的合作和努力下，中国的国民革命运动出现新发展。工人运动和农民运动出现高潮，广东革命根据地得到统一，在广州成立了国民政府，国民革命军实施了北伐。1925年3月12日，中国民主革命的先行者孙中山因病在北京逝世。孙中山的去世使国民党权力出现真空，各派为争夺领导权展开斗争，并出现反对国共合作论调，鼓吹“清党”（清除国民党内的共产党员）。1927年4月和7月，在国民革命军北伐节节胜利的凯歌声中，掌握国民党军权和党权的蒋介石、汪精卫，开始了“清党”，第一次国共合作失败。

1927年4月18日，国民党南京国民政府成立。1928年4月，南京国民政府宣布继续北伐。6月上旬，国民政府军队开进北京，历时16年由北洋军阀控制的北京政府垮台。6月15日，南京国民政府发表宣言，宣称全国统一已告完成。12月29日，东北地方当局宣布“服从国民政府，改旗易帜”。至此，国民党在南京建立的政权形式上统一了全中国。

1931年日本制造“九一八事变”后，由于南京国民政府采取不抵抗政策，中国大片国土沦陷，中国人民的抗日民主运动也逐步高涨起来，特别是1935年日本侵入中国华北后，中华民族陷入新的危机。1936年12月12日，国民党爱国将领张学良、杨虎城发动“兵谏”，逼蒋介石抗日，这便是著名的“西安事变”。经中国共产党和各方的共同努力，事变得到和平解决，为国共等党派合作抗日奠定了基础。1937年7月7日，日本侵略者发动全面侵华战争后，国民政府宣布对日作战，并接受了中国共产党关于国共合作的主张，开始了第二次国共合作。中国战场是第二次世界大战反法西斯主

发动西安事变的张学良与杨虎城将军

1937年，在长城上与日本侵略军作战的八路军（沙飞摄）

要战场，牵制了日本法西斯三分之二的兵力，有力地支持了欧洲和太平洋战场上反法西斯战争。由于中国人民抗日战争在世界反法西斯战争中发挥了重要作用，此后成立的联合国将中国选为安理会五个常任理事国之一。

1945年8月15日，中国人民抗日战争取得了最后胜利。此后，中国共产党与中国国民党为建立一个民主还是专制国家，展开了激烈的政治和军事斗争。

（七）中国共产党领导建立新中国

1919年5月4日，北京发生了以青年学生为主体的抗议北洋政府卖国行径的游行示威活动。随后，全国许多城市爆发了支持北京学生爱国行动的游行活动，并演变成罢工、罢市、罢课斗争。这便是在中国近代历史上有划时代意义的“五四运动”。中国工人阶级从此登上政治舞台，其政治代表中国共产党诞生。李大钊、陈独秀、毛泽东、周恩来等中国共产党的政治领袖，参加并领导了“五四运动”。

在中国最早酝酿筹建共产党组织的是陈独秀和李大钊，他们首先在上海、北京等地发起筹建了中国共产党基层组织。1921年7月23日，中国共产党第一次全国代表大会在上海举行(后决定7月1日为中国共产党成立纪念日)。出席代表12人，代表着全国50多名党员。大会讨论了中国共产党党纲，确定党的名称为中国共产党。中国共产党的成立是中国历史上一件大事，从此，作为中国先进力量的工人阶级有了自己的政党，灾难深重的中国有了希望。

中国共产党诞生后，确立了在中国建立“真正民主共和国”的任务，通过与中国国民党开展合作，建立民主的联合战线，共同反对帝国主义、封建

位于上海的中共一大会址

主义等革命对象。1924至1927年，由于中国共产党坚定地领导工农运动，使国共合作的国民革命蓬勃发展。1927年蒋介石“清党”后，中国共产党领导的革命运动陷入低潮。此后，以毛泽东为代表的中国共产党人把马克思主义普遍真理与中国革命的具体实际相结合，开辟了以农村包围城市并最终夺取城市的中国革命正确道路，并通过开展土地革命，在农村建立根据地，发展壮大革命力量。1927年到1937年，中国共产党领导的在部分农村建立的政权与国民党领导的城市政权进行了长达十年的对峙。1934年10月到1935年10月，中国共产党领导的工农武装力量实行大规模战略转移，进行了人类历史上罕见的二万五千里长征，其间于1935年1月在贵州遵义召开的一次重要会议上，确立了毛泽东在中国共产党内的领导地位。

1937年全面抗战爆发后，中国共产党与中国国民党进行了历史上第二次合作，共同抗击日本侵略者，直至1945年中国人民抗日战争取得最后胜利。抗日战争初期，以毛泽东为代表的中国共产党人分析了中日战争的基本特点和发展规律，阐明了抗日游击战略方针，指出了人民战争是争取抗战胜利的惟一正确道路。中国共产党很好地执行了抗日民族统一战线政策，发展进步力量，争取中间力量，孤立顽固势力，确保了中华民族和中国人民的根本利益。同时，中国共产党领导开辟了敌后战场，建立抗日根据地，并使敌后战场成为抗战中后期的主要战场，牵制并消灭了大量侵华日军。抗战期间，毛泽东和中国共产党人还完善了领导中国革命的基本理论——新民主主义革命理论，认为现阶段的中国革命是新民主主义革命，新民主主义革命胜利后，中国既不可能成为西方式国家，也不可能进入社会主义社会，而是建立新民主主义国家。

1945年7月，在中国人民抗日战争即将取得最后胜利的时刻，中国共产党在延安召开了第七次全国代表大会。此时的中国共产党已经成为一个有90多万党员、领导120万武装力量、拥有大片根据地的全国性政党。中国共产党七大为中国革命的胜利作了思想、组织准备，提出中国革命的前途和命运是：“废除国民党法西斯独裁统治，实行民主，巩固和扩大抗日力量，彻底打败日本侵略者，将中国建设成一个独立、自由、民主、统一、富强的新国家。”

抗日战争胜利后，中国人民普遍希望以此为转机建设一个独立、民主、

中国人民政治协商会议第一届全体会议

团结、富强的新中国，但国民党蒋介石坚持内战独裁的政策，企图消灭中国共产党领导的人民军队和解放区。为争取中国人民和中华民族光明前途，中国共产党力主和平民主，与国民党蒋介石集团展开斗争。1946年6月，国民党军队对中国共产党领导的解放区发动进攻，全面内战爆发。中国共产党团结全国民主进步力量，向国民党军队发起反击，并取得军事上主动权，展开战略决战，最终打败国民党蒋介石集团，迫使其败退台湾。

1949年9月21日，中国人民政治协商会议第一届全体会议在北京开幕，中国共产党与各党派等方面代表出席。毛泽东主持会议并宣布：占人类总数四分之一的中国人从此站立起来了，中国人民被认为不文明的时代已经过去了。10月1日，毛泽东在天安门宣布中华人民共和国中央人民政府成立。从此，一个新中国开始展现在世人面前。

六、新中国的探索和改革开放

UNDERSTANDIN CHINA

中华人民共和国从1949年建立至今，已走过近60个年头。近60年来，中国人民在建设自己国家的过程中，有许多喜悦和成功，也有不少挫折和失误。经过艰辛探索，中国共产党领导中国人民最终开辟了一条符合本国国情的现代化建设道路，即中国特色社会主义道路。

1978年，是新中国历史的转折点，开启了改革开放的历史新时期。自此，中国人民、中国国家和中国共产党的面貌发生了巨大的变化，中国与世界的关系也进入了新的发展时期。

（一）新中国从一穷二白开始

中华人民共和国的建立，翻开了中国历史的新纪元。中国人民欢庆新中国的诞生，满怀豪情地投入到建设自己国家的伟大事业之中。但新中国是建立在旧中国经济、文化极端落后基础之上的，中国人常用“一穷二白”四个字来形容新中国成立时起点之低。

1949年10月1日毛泽东主席宣布中华人民共和国中央人民政府成立

以上世纪30到40年代的发展水平为标准，当时中国的现代工业在国民经济中所占比重只有10%左右，而农业和手工业却占了90%以上。可以说新中国成立时还是一个落后的农业国家。

1949年中国人口已是世界第一，主要工农业产品若以人均计算，均为世界排名最后。

1949年10月新中国成立时，机械工业几乎等于零，飞机、汽车、拖拉机、大型机械均不能制造。文化教育同样落后。全国文盲占人口数的80%。医疗水平十分落后，人均寿命只有35岁。新中国要面对旧政权留下的满目疮痍。

新中国成立伊始，人民政府和作为执政党的中国共产党便把主要精力用于巩固政权和发展经济上。到1951年10月，省、市、县、乡等几级地方人民政府在全国范围内建立起来，并在少数民族聚居区逐步实行民族区域自治，结束了国家长期分裂和混乱的局面。在经济方面，没收旧中国的国家垄断资本经济为国有（约占全国工业资本的66%），建立起社会主义性质的国营经济。新中国成立时面临的严重困难之一，是投机资本横行，经济秩序混乱，市场物价不断上涨。为此，国家采取打击投机资本、加强市场管理、稳定物价、统一全国财政收支等措施，使财政经济状况逐步好转。

通过土改农民分得了土地

新中国在全国范围内开展了土地改革运动。旧中国的土地制度极不合理，占乡村人口不到10%的地主、富农，占有70%—80%的土地。而占乡村人口90%的农民，却只占有20%—30%的土地。地主通过占有土地对农民进行地租剥削，并通过高利借贷等手段榨取农民的血汗。土地改革彻底结束了封建地主土地所有制，解放了生产力，使3亿多无地少地的农民得到了耕地，极大地调动了广大农民的生产积极性。

新中国向旧社会的遗毒展开清除行动，主要是禁止贩毒吸毒、取缔卖淫嫖娼和聚众赌博等社会丑恶现象。鸦片给中国和中国人民带来巨大灾难。鸦片战争后的100多年间，烟毒愈演愈烈，直到新中国成立初期，仍有蔓延之势，全国吸毒人数达2000万人，个别地方有近四分之一的人吸食鸦片。人民政府有步骤地开展禁烟工作，到1952年底，为害一个多世纪的烟毒被基本禁绝。在旧中国，嫖娼比吸毒的历史更为久远，妓女是整个社会中最为悲惨的人群。人民政府采取有力措施，封闭妓院，取缔嫖娼，改造妓女。

经过新中国成立后三年多的艰苦工作，国民经济得到恢复和初步发展。1952年，工农业总产值达到810亿元人民币，比1949年增长77.6%，平均每年增长20%左右。主要工农业产品的产量均超过新中国成立前的最高水平。人民生活普遍得到改善，1952年同1949年相比，职工工资平均提高70%，农民收入增长30%。

在国民经济全面恢复的基础上，中国人民从1953年起开始进行大规模的经济建设。按照毛泽东和中国共产党的理论设计，中华人民共和国建立后，要经过一个相当长时期的新民主主义社会建设，使国家工业发展和国营经济壮大，而后再采用社会主义的步骤，实行私人资本主义经济国有化和个体农业的集体化。经过新中国成立后三年多的建设，中国共产党改变了原来准备经过相当长时间向社会主义过渡的设想，于1952年提出向社会主义过渡问题。1952年9月，毛泽东提出，开始用10到15年的时间基本完成向社会主义的过渡，过渡的主要任务就是基本上完成国家工业化和对农业、手工业、资本主义工商业的社会主义改造。

实现国家工业化，是中国人民近百年梦寐以求的美好目标。中央政府提出了发展国民经济的第一个五年（1953—1957年）计划，确定兴建包括钢铁、飞机、机床、汽车、石化等156个工业项目，开始了大规模工业建设。到1957年底，计划的各项指标都大幅度地超额完成。1957年，工农业总产值达1241亿元人民币，按可比价格计算，比1952年增长56.9%。重工业主要产品的产量大幅度增长，旧中国重工业基础十分落后的局面有了明显改观。

从1953年开始，全面开展了对农业、手工业和资本主义工商业的社会主义改造。其任务是：把私人所有制改造成为全民所有制，把以农民和手工业者个体劳动为基础的私人所有制改造成为劳动群众集体所有制。到1956年，生产资料私有制的社会主义改造已经基本完成。在国民经济中，全民所有制和劳动群众集体所有制这两种形式的公有制经济，已经居于绝对主导地位，社会主义经济制度在中国确立起来。

中华人民共和国第一任总理周恩来在第一届全国人民代表大会上作报告

1954年，第一届全国人民代表大会第一次会议在北京举行，来自全国的1226名代表出席。此前在全国范围内由人民通过普选的方法产生了乡、县、省（市）各级人民代表，并召开各级人民代表大会。此次会议制定了《中华人民共和国宪法》，讨论和通过了政府工作报告，选举了新的国家领导机构人员。选举毛泽东为中华人民共和国主席，刘少奇为全国人大常务委员会委员长，决定周恩来为国务院总理。《中华人民共和国宪法》规定：中华人民共和国是工人阶级领导的、以工农联盟为基础的人民民主国家；中华人民共和国的一切权力属于人民；人民行使权力的机关是全国人民代表大会和地方各级人民代表大会；中华人民共和国全国人民代表大会是最高国家权力机关，是行使国家立法权的惟一机关；国务院，即中央人民政府，是最高国家权力机关的执行机关，是最高国家行政机关。新中国的政治制度由此确立。

1956年，中华人民共和国进入了全面建设社会主义新时期。当年9月，中国共产党在北京召开了第八次全国代表大会，这次代表大会距上次代表大会整整时隔了11年。这次大会认为当时中国国内的主要矛盾，是人民对于建立先进的工业国的要求同落后的农业国的现实之间的矛盾，是人民对于经济文化迅速发展的需要同当前经济文化不能满足人民需要的状况之间的矛盾。中国共产党和中国人民的主要任务，就是要集中力量解决这个矛盾，把中国尽快地从落后的农业国变为先进的工业国。

（二）探索中的挫折和失误

在中国这样一个幅员辽阔、人口众多、经济文化落后、地区发展不平衡的大国进行现代化建设，是一项十分艰巨而又复杂的任务。中国的社会主义建设究竟应该怎样进行，这对中国共产党和中国人民是一个从来没有碰到过的全新的课题。上世纪50年代，中国共产党对于什么是社会主义、怎样建设社会主义这一根本问题的认识，还处在探索阶段。

尽管革命任务已经完成，国家进入全面建设时期，但新中国成立初期的国际国内形势，特别是国际上冷战局面的存在和巩固新生政权的需要，使中国共产党坚持以阶级斗争理论指导国家建设，并追求纯而又纯的社会主义。

1957年的反右派斗争被严重扩大化，是以阶级斗争理论指导国家建设的一次重大失误。

为加强中国共产党的自身建设，克服官僚主义、主观主义和宗派主义，1957年3月，中共决定在党内开展整风运动，整掉错误东西，以更好地担负起领导建设新国家的任务。整风运动中，中共特别重视邀请党外人士帮助整风。一些民主党派负责人和无党派民主人士向中共提出了批评意见，但也有个别人借机攻击中国共产党的领导和社会主义制度。毛泽东认为，少数右派分子想借给中共提意见来推翻共产党的领导，推翻社会主义制度，必须进行反击。于是发动了反右派斗争，并出现扩大化。反右派斗争的扩大化，严重损害了广大人民建设国家的积极性，损害了社会主义民主，造成了国家社会政治生活的不正常。

1958年的“大跃进”运动，是急于摆脱国家贫穷落后状况、跑步进入共产主义的一次失败尝试，教训惨痛。

社会主义制度的确立和第一个五年计划的完成，大规模建设已经全面展开，全国上下热情高涨。中国共产党认为经济建设完全有可能以更快的速度

“大跃进”时期极其简陋的炼钢炉

进行，在短时间内改变中国的落后面貌，实现国家富强的目标。为此，中共制定了社会主义总路线，并相继发动了“大跃进”和人民公社化运动。总路线的内容是：鼓足干劲、力争上游、多快好省地建设社会主义。这条总路线集中反映了中共和人民群众迫切要求改变国家经济、文化落后面貌的普遍愿望，同时也蕴涵着急躁冒进、急于求成的思想，片面强调经济建设的速度，过分夸大人的主观意志和主观努力的作用，忽视客观规律。

1957年11月，毛泽东率领中国共产党代表团赴苏联，参加在莫斯科举行的各国共产党和工人党代表会议。会议期间，苏联提出15年赶上和超过美国，毛泽东则提出中国在钢产量方面15年后赶上或者超过英国。同年冬，全国开始了“大跃进”运动。在工业上，不断提高钢产量指标，确定1958年钢产量要比1957年翻一番，达到1070万吨。为实现这一目标，全国上下开始了大炼钢铁运动。在农业上，要求不断提高农作物产量，1958年提出的第二个五年计划要求粮食产量从2500亿公斤提高到3500亿公斤。为实现这一目标，在农村开展了人民公社化运动，取消规模较小的农业生产合作社。公社既是农村政权组织，又是经济组织，其最突出的特点是“一大二公”：“大”，就是人多，好纳入计划，没有办不成的事情，当时2万户以上的特大公社全国就有50多个；“公”，就是公有，取消家庭生产、家庭副业、集市贸易等活动，由公社统一核算、统一分配。

“大跃进”运动盲目追求高速度，不顾客观事实，从根本上违背了经济建设规律，表明中国共产党对在中国进行社会主义建设的艰巨性和长期性估计不足。人民公社化运动的实质就是试图在生产力不发达的基础上建立一个所谓普遍平等、平均、公平合理的社会，是一种不现实的超越阶段的空想。“大跃进”和人民公社化运动的结果，不是中国社会的发展进步，而是倒退。

此后中国经济连续三年出现大幅下降，人民生活面临严重困难。人民公社这种农村集体所有制在中国持续了20多年，直到1978年实行改革开放政策后才被终止。

从1959年到1962年，中共采取了许多政策措施，对“大跃进”和人民公社化运动的失误进行纠正，对国民经济进行调整。到1965年，在中国共产党和全国人民的共同努力下，国内经济形势有了很大的好转。到1965年底，全国工农业总产值按可比价格计算，比1957年增长了59.9%，其中农业总产值增长9.9%，工业总产值增长98%。全国城乡居民消费水平，1965年比1957年提高7.7%。但中国共产党内在指导思想上“左”的错误并没有得到较好的纠正，在阶级斗争问题上的扩大化错误继续发展，直至形成了“以阶级斗争为纲”的指导思想。

1966年，正当国民经济在历经几年调整后重现良好发展势头之时，中国的局势出现了大逆转。一场长达10年，给中国共产党、中国国家和中国人民造成严重灾难的“文化大革命”（1966–1976年）爆发了。

1980年的中国大学生。即使在改革开放之初，中国人的着装仍缺乏个性

经过新中国成立10多年的探索和实践，中国共产党在领导国家建设上有成功的经验，也有失败的教训。正是基于对经验和教训的总结，中共高层中有的领导人对于中国的发展模式，如何在中国进行社会主义建设，有了新的体会和认识，开始形成新的工作思路。但这些体会、认识和工作思路，与毛泽东的意见相左，使他产生不满。毛泽东认为产生分歧说明，中国存在着无产阶级与资产阶级两条路线的斗争，中共党内存在修正主义和走资本主义道路的当权派，中国正面临着资本主义复辟的严重危险。为了使中国共产党的领导权掌握在真正的马克思主义者手里，毛泽东决心发动一场公开的、全面的、自下而上由群众广泛参与的全国性政治大革命。

毛泽东发动“文化大革命”，主观上并不是要把中国引向灾难，否则就不能解释为什么直到晚年他都认为自己发动的“文化大革命”是他一生所做的一件大事。毛泽东是在寻求中国自己的社会主义建设道路，维护和实践自己的政治理想。由于他的政治理想和做法与现实中国实际相脱离，结果只能事与愿违。中共党内一些别有用心的人，企图利用毛泽东发动的“文化大革命”满足自己的政治野心，则是毛泽东所始料不及的，这也使中国社会因“文化大革命”造成的挫折和损失更为惨重。

（三）改革带来发展生机与活力

经过10年“文化大革命”，到1976年时，中国的国民经济已处在崩溃的边缘。

1976年9月9日，中国共产党、中国人民解放军和中华人民共和国的缔造者毛泽东逝世。以邓小平为核心的中国共产党第二代中央领导集体结束了“文化大革命”造成的危难局面，开辟了中国特色社会主义道路。

“文化大革命”的结束，使中国获得了重新走上正确发展道路的契机。通过开展真理标准问题的大讨论（这场讨论的核心问题是，到底应该以什么为标准来认识和判定历史是非，是以已故领导人毛泽东的指示、批示为准，还是以实践为准，最终坚持实践是检验真理的唯一标准一方得到中共全党支持），极大地解放了人们的思想，冲破了传统关于社会主义的一些条条框框的束缚，打破了个人崇拜的思想禁锢。1978年底召开的中共十一届三中全会，从根本上纠正了中国共产党过去在指导思想上的一些错误，彻底否定了“以阶级斗争为纲”的错误理论

常常有人在广东深圳深南大道旁的邓小平画像前留影，缅怀这位中国改革开放的总设计师

和实践，作出了把中国共产党和国家的工作重点转移到经济建设上来，实行改革开放的历史性决策，开创了中国现代化建设的新的历史时期。此后在中共全党和全国开始了拨乱反正工作，全面平反冤假错案，妥善解决历史遗留问题。1981年6月，中共十一届六中全会审议并通过了《关于建国以来党的若干历史问题的决议》，对新中国成立32年来中共的重大历史事件特别是“文化大革命”作出了正确总结，实事求是地评价了毛泽东的历史地位。

在拨乱反正和总结历史经验的同时，中国共产党开始推进国家的改革开放事业。1978年以来，从农村到城市、从经济领域到其他各个领域都进行了全面的改革，从沿海到沿江、沿边，从东部到中西部，对外开放的大门敞开了。这场中国历史上从未有过的大改革大开放，极大调动了亿万人民的积极性和创造性，使中国成功地实现了从高度集中的计划经济体制到充满活力的社会主义市场经济体制、从封闭半封闭到全方位开放的伟大历史转折。

安徽凤阳小岗村的18位村民按下红手印要求包产到户，揭开了中国农村改革的序幕

中国的农村经济体制改革始于上世纪70年代末。从1982年开始，包产到户、包干到户的“双包”责任制在全国农村迅速推广，特别是包干到户（后称“家庭联产承包责任制”），最受农民欢迎。由于这种经营方式将生产成果和农业生产者的利益更直接地联系起来，不仅克服了以往分配中的平均主义弊病，而且简便易行，成为改革开放以来中国农业的基本经营制度。“家庭联产承包责任制”充分调动了农民的生产积极性，农业生产不断上新台阶。从1979年到1984年，农业总产值年均增长8.9%，人均占有粮食由1978年的319公斤增加到1984年的395.5公斤，主要农业副产品产量大幅度增长，人民生活明显改善。农村经济体制改革取得的成功，坚定了人们对于改革的信心，为各领域的全面改革奠定了物质基础，起到了示范效应。

中国的城市经济体制改革与农村经济体制改革大体同时启动，但由于长期计划经济体制的影响，需要解决的问题更为复杂。改革以试点的方式进行，并首先从扩大企业自主权开始，随着试点范围的扩大，又陆续进行了企业经营责任制和所有制结构等方面的改革，逐步打破了单一的所有制经济，实现经济形式的多样化。上世纪80年代和90年代，随着改革开放的深入，中国广泛借鉴人类文明发展成果，在实践中不断探索适合本国国情和发展实际的经济理论和经济发展模式。1981年，纠正传统不符合实际的错误认识，确认了社会主义社会也存在市场经济。1982年，提出了“计划经济为主，市场调节为辅”，在坚持公有制经济主导地位的前提下，发展多种经济形式，鼓励合作经济的发展，允许个体经济的适当发展。1984年，明确提出私营经济和三资（中外合资、中外合作、外商独资）经济，是社会主义经济必要的和有益的补充。1992年，提出建立社会主义市场经济体制，使市场在国家宏观调控下对资源配置起基础性作用。1997年，强调要抓紧实现经济体制和经济增长方式的转变，即由计划经济向市场经济转变、由粗放型经济增长向集约型经济增长转变，中国进入了深化经济体制改革和加快建设现代化的重要时期。进入21世纪后，在经济发展理念上，中国又开始了加强宏观调控，调整经济结构和转变增长方式，着力推进改革开放和自主创新。近30年来，在逐步形成的一整套经济理论和经济模式指引下，中国对国有企业及金融、财税、投资、价格、外贸、商业、劳动、教育、卫生、交通等各领域进行了全方位的改革。目前，中国的社会主义市场经济体制已初步建立起来并进入不断完善的新阶段，市场在国家宏观调控下对资

农村改革使农民得到了实惠

源配置起基础性作用。市场机制的引入，为中国经济发展增添了生机与活力。

在进行经济体制改革的同时，中国一刻也没有放松对政治体制的改革，不断建立和完善与经济体制相适应的政治体制。通过总结“文化大革命”的经验教训，以邓小平为代表的中国共产党人，首先从中国共产党和中国

中国共产党中央组织结构图

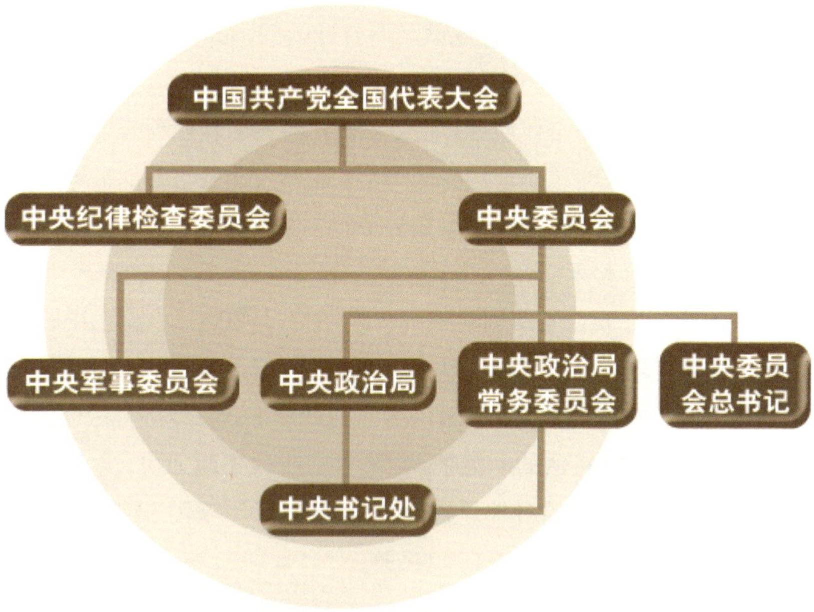

国家的领导制度入手，进行政治体制改革。邓小平认为，中国共产党和中国国家领导制度需要革除的弊端，主要是官僚主义现象，权力过分集中现象，家长制现象，干部领导职务终身制现象、各种特权现象，以及封建残余思想。如果不坚决改革这些弊端，过去出现过的一些严重问题今后就有可能重新出现。

（四）对外开放加快发展步伐

中国的改革与开放是相伴而生的，互相不能分开。要改革就必须对外开放，要开放又必须进行改革。开放就是要打开国门，把中国和世界联系起来。

历史上，中国一直是一个封闭半封闭的国家。虽然有过丝绸之路那样的中外文化交流通道，但总体而言，特别是在立国观念和处理与外部世界的关系上，没有对外开放的意识。中国曾一次次地失去发展与外部世界关系的机会。1978年以后，中国把对外开放作为基本国策，坚定不移地把中国的发展与世界的发展结合起来。

中国的对外开放首先从创建经济特区开始。1980年，在位于中国南部和东南部广东、福建两省的深圳、珠海、汕头、厦门设置经济特区，并明确特区是利用外资、引进技术、发展经济的一种特殊形式。经济特区创建后，呈现强劲发展势头，在特区的示范下，对外开放步伐不断加快，逐步形成多层次、有重点、点面结合的对外开放格局。1984年，中国正式对外开放大连、秦皇岛、天津、烟台、青岛、连云港、南通、上海、宁波、温州、福州、广州、湛江、北海等14个沿海港口城市。1985年，又将长江三角洲、珠江三角洲、闽南厦（门）、漳（州）、泉（州）

开发开放前的上海浦东陆家嘴

2000—2006外商投资企业对中国进出口的贡献

	2000	2001	2002	2003	2004	2005	2006
进出口额（亿美元）	4742.9	5096.5	6207.7	8509.9	11545.5	14219.0	17606.9
外商投资企业	2367.1	2590.6	3302.4	4721.9	6630.4	8316.4	10364.0
所占比例(%)	49.9	50.8	53.2	55.5	57.4	58.5	58.9

资料来源：中华人民共和国国家统计局

三角地区和辽东半岛、胶东半岛开辟为沿海经济开放区，通过加速沿海地区发展带动内地经济发展。1988年，建立海南省，使之成为中国最大的经济特区。至此，中国从南到北就形成了由5个经济特区、14个沿海开放城市、3个沿海开放区、两个开放的半岛和海南省构成的辽阔的对外开放地带。上世纪90年代之后，中国继续加快对外开放步伐。1990年，中国正式开发开放上海浦东新区，短短几年间，一个外向型、多功能、现代化的新城区奇迹地崛起，带动了全上海以及长江三角洲和整个长江流域经济的发展。

开发开放后的上海浦东陆家嘴

1992年春天，中国改革开放的总设计师邓小平先后视察了中国中部的武昌、南部的深圳、珠海和东部的上海，发表了著名的“南巡谈话”。邓小平在谈话中就坚持走中国特色社会主义道路，特别是抓住当前有利时机，加快改革开放的步伐，集中精力把经济发展好等一系列重大问题，发表了重要的意见。此后，在以江泽民为核心的中共第三代领导集体的带领下，中国的改革开放进入了一个新的发展阶段。1992年，中国北方的边境城市黑河、绥芬河、珲春和满洲里对外开放。同年，一些沿海开放城市开始建立保税区，实行比经济特区更加灵活、优惠的政策，按照国际惯例运作；批准近60个市、县、镇为对外开放地区；长江沿岸的10个主要中心城市也全部对外开放。到上世纪90年代中后期，中国已形成了全方位、宽领域、多层次的对外开放格局。

经过长达15年的艰难谈判，2001年11月10日，在卡塔尔首都多哈举行的世界贸易组织第四届部长级会议以全体一致的方式，审议并通过了中国加入世界贸易组织的决定。加入世界贸易组织，是中国对外开放过程中一件意义重大的事情。加入世贸组织进一步拓宽了中国对外开放的领域和空间：由区域性的对外开放转变为全方位对外开放；开放领域由传统的货物贸易向服务贸易延伸；市场准入条件更加法制化、更加透明和规范。

利用外资作为中国对外开放基本国策的主要内容，在促进中国经济发展和开放型经济形成上发挥了重要作用。到2006年底，外商在华累计投资设立了企业60多万家，涉及农业、制造业、服务业等几乎所有领域。目前，中国已累计吸收外商直接投资超过7000亿美元，已连续15年居发展中国家首位。2005年，外商投资企业实现工业增加值1.9万亿元人民币，占全国工业增加值总额的29%；引进技术83亿美元，占全国的43%；缴纳税收6349亿元人民币，占全国税收总额近21%。到2006年底，在外商投资企业中直接就业人员超过了2500万人，占全国城镇劳动就业人口的10%以上。

积极合理吸收外资有效弥补了中国国内建设资金的不足，引进了大量先进技术、先进经营方式和管理经验，并带来了现代流通和市场营销理念，引入了国际竞争机制、国际规则和国际标准，在促进中国技术进步、推动产业结构调整升级的同时，加速了中国开放型经济的形成。通过积极有效利用外资，还开阔了人们的国际视野，推动了思想解放与观念更新。

2001年7月13日，北京赢得了2008年第29届奥运会主办权，中国与世界的关系由此进入了一个新的发展阶段。

（五）创造新的经济社会发展奇迹

自1978年以来，由于不断地深化改革和扩大开放，中国经济持续快速发展，社会全面进步，现代化建设取得巨大成就。

中国国内生产总值从改革开放初期的1400亿美元，增长到2006年的2.63万亿美元，年均增长9.6%以上，排名从世界第15位上升到第4位。人均国内生产总值从1978年的不足200美元增长到2006年的2000美元。一些重要产品产量已跃居世界前列。

1978、2006年中国主要工农业产品产量及居世界位次

产品名称	单位	1978年		2006年	
		产量	位次	产量	位次
谷物	万吨	26546	2	49746	1
棉花	万吨	217	3	467	1
油菜籽	万吨	187	2	1270	1
肉类	万吨	856	3	8100	1
钢	万吨	3178	5	47339	1
煤	亿吨	6	3	24	1
原油	万吨	10405	8	18400	5
发电量	亿千瓦小时	2566	7	28344	2
布	亿米	110	1	550	1
水泥	万吨	6524	4	124000	1
化肥	万吨	869	3	5592	1
电视机	万台	52	8	8375	1

资料来源：中华人民共和国国家统计局

对外贸易从开放初期的206亿美元，增长到2006年的1.76万亿美元，排名由全球第32位升至第3位。自2002年起连续五年增长保持在20%以上。2002年到2004年，贸易总额一年上一个台阶，2002年位居世界第5位，2003年上升到第4位，2004年超过日本，位居世界第3位，2006年的快速增长又向位居第二位的德国逼近了一步。到2006年底，国家外汇储备达10663亿美元，超过日本，跃居世界第一。

2001、2006年国内生产总值居世界前十位国家比较

（单位:亿美元）

位次	2001年			2006年		
	国家和地区	国内生产总值	占世界比重(%)	国家和地区	国内生产总值	占世界比重(%)
1	美国	100759	31.9	美国	132446	27.5
2	日本	41624	13.2	日本	46593	9.1
3	德国	18913	6.0	德国	28970	6.0
4	英国	14313	4.5	中国	26301	5.5
5	法国	13398	4.2	英国	23737	4.9
6	中国	13248	4.2	法国	22316	4.6
7	意大利	10904	3.5	意大利	18526	3.8
8	加拿大	7051	2.2	加拿大	12691	2.6
9	墨西哥	6221	2.0	西班牙	11280	2.5
10	西班牙	6084	1.9	巴西	8820	2.2

资料来源:世界银行数据库

人民生活水平不断提高，由解决温饱到实现小康，并向全面小康迈进。1978年以来，中国城镇人均可支配收入增长了30倍以上；农村人均纯收入增长了23倍以上；贫困人口从2.5亿减少到2006年的2300万人，使2亿多人摆脱了贫困；城镇和农村居民恩格尔系数下降20多个百分点，2005年城镇居民家庭恩格尔系数为36.7%，农村居民家庭恩格尔系数为45.5%。目前，中国已拥有4亿多手机用户，居世界首位；有1.2亿多网民，居世界第二位；汽车消费量仅次于美国，居世界第二位。

科技教育事业快速发展。2001—2005年，全国研究与试验发展经费支出

8203亿元人民币，占同期国内生产总值的1.16%，高于发展中国家平均0.7%的水平。2006年，这一数字达到2943亿元人民币，占国内生产总值的1.41%。目前，中国的专业技术人员和科学研究人员数量均居世界首位。2006年，义务教育人口覆盖率超过95%，高中阶段教育毛入学率达到59%，高等教育毛入学率达到22%。据联合国开发计划署统计，2003年，中国15岁及以上成人识字率为88.4%，高于世界79.1%的平均水平；教育指数为0.84，高于世界0.77的平均水平。

2006年全国各类教育发展情况

（单位:万人）

各类教育	招生	在校生	毕业生
研究生	40	110	26
普通高等教育	540	1739	377
中等职业教育	741	1809	476
普通高中	871	2515	727
初中	1930	5958	2072

资料来源：中华人民共和国统计局

中国居民享有的医疗卫生保健超过世界平均水平。到2007年6月，新型农村合作医疗制度建设覆盖到全国2429个县（市、区），占全国县（市、区）总数的84.87%，有7.2亿农民参加。目前，中国有各类医生约550万人，有床位322万张，均居世界首位；人均预期寿命72岁以上，高于世界67.1的平均水平；婴儿死亡率由新中国成立时的200‰降低到2005年的21.5‰；孕产妇死亡率由新中国成立时每10万人的1500人降到48.3人。这些指标均处于发展中国家前列。

中国的社会保障水平也在不断提高。在城镇，有2241万居民得到政府最低生活保障。在农村，全国31个省区市都初步建立了农村最低生活保障制度，2311万农村居民得到政府最低生活保障。

经济的发展和社会的进步使中国的国际竞争力逐年提高。瑞士洛桑国际管理发展学院推出的《2006年世界竞争力年鉴》显示，2006年中国国际竞争力由上一年的第31位上升至19位，一年内前移了12位。在人口超过2000

2007年，北京师范大学迎来首届免费师范生

万的30个国家和地区中，排名第六，仅次于美国、澳大利亚、加拿大、日本和中国台湾；在人均国内生产总值低于1万美元的25个国家和地区中位居第一；在15个亚太国家和地区中，排名第六，仅次于中国香港、新加坡、澳大利亚、日本和中国台湾。2006年，在四个大类指标中，除经济发展继续保持世界第三外，政府效能、企业效益和基础设施三项均有改进。其中政府效能由2005年的第21位上升到第17位，企业效益由第50位上升到第30位，基础设施由第42位上升到第37位。

（六）建设民主法治国家

在过去的一个多世纪里，中国人民为争取民主、自由、平等进行了不懈的奋斗。由于国情的不同，中国人民在中国共产党的领导下走上了中国特色社会主义民主法制建设道路。

20世纪70年代末实行改革开放政策以来，中国进入了发展社会主义民主、建设社会主义法治国家的新时期。人民代表大会制度、中国共产党领导的多党合作和政治协商制度、民族区域自治制度以及基层群众自治制度等国家民主制度得到发展和完善，公民的基本权利得到尊重和保障，中国共产党民主执政能力进一步提高，政府民主行政能力显著增强，司法民主体制建设不断推进。政治体制改革不断推进，国家领导制度、立法制度、行政管理制度、决策制度、司法制度、人事制度和监督制约制度等方面的改革取得了显著成效。在依法治国，建设社会主义法治国家目标的指引下，社会主义民主

民主法制宣传活动

的制度化、规范化和程序化建设不断加强，以宪法为核心的中国特色社会主义法律体系基本形成，国家政治、经济、社会生活的主要方面已基本做到有法可依。

中国根据自己的国情实行一院制，而不是西方国家实行的两院制。在中国，人民通过全国人民代表大会和地方各级人民代表大会，行使国家权力。年满18周岁的中国公民，不分民族、种族、性别、职业、家庭出身、宗教信仰、教育程度、财产状况、居住期限，除依法被剥夺政治权利的人以外，都有选举权和被选举权。全国各级人民代表大会代表目前共有280多万人。代表有权依法提出议案、审议各项议案和报告、对各项议案进行表决，在人民代表大会各种会议上的发言和表决不受法律追究。在中国，国家行政机关、审判机关、检察机关都由人民代表大会产生，对它负责，受它监督。国家的重大事项由人民代表大会决定。行政机关负责执行人民代表大会通过的法律、决议、决定。法院、检察院依照法律规定分别独立行使审判权、检察权，不受行政机关、社会团体和个人的干涉。人民代表大会的职权主要有四项：立法、监督、人事任免、重大事项决定。

中华人民共和国国家机构体系

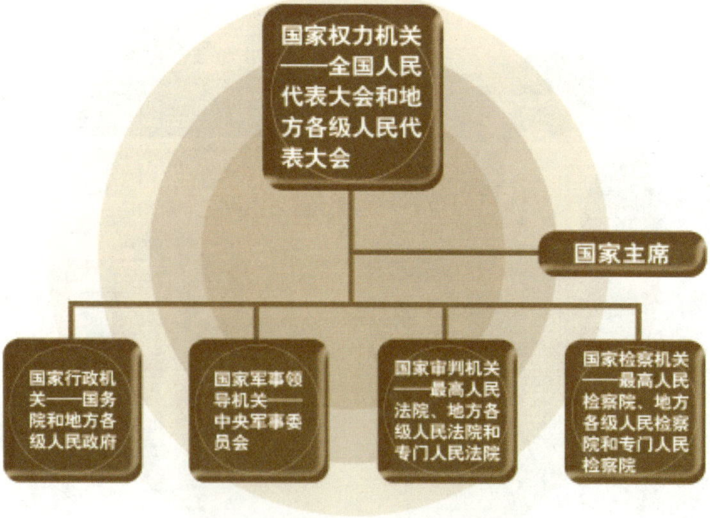

自1978年改革开放以来，全国人大及其常委会制定了230多件现行有效的法律，国务院制定了680多件行政法规，地方人大及其常委会制定了7500多件现行有效的地方性法规，民族自治地方的人民代表大会制定了600多件自治条例和单行条例。中国特色社会主义法律体系已经基本形成。在中国特色社会主义法律体系中，宪法居于核心和统帅地位。宪法规定国家的政治制度、经济制度、公民的权利和自由等，是国家的根本法。中国特色社会主义法律体系，是由7个法律部门和3个不同层级的法律规范构成的。7个法律部门是：宪法和宪法相关法，民法商法，行政法，经济法，社会法，刑法，诉讼和非诉讼程序法。3个不同层级的法律规范是：法律，行政法规，地方性法规、自治条列和单行条列。

政党制度是由一国性质、国情所决定的。中国的政党制度既不同于西方国家的两党制或多党制，也有别于一些国家实行的一党制，而是中国共产党领导的多党合作和政治协商制度。中国目前共有 9个政党。除中国共产党外，还有中国国民党革命委员会、中国民主同盟、中国民主建国会、中国民主促进会、中国农工民主党、中国致公党、九三学社、台湾民主自治同盟。由于这些政党大都成立于中国人民抗日战争（1937—1945年）和解放战争（1946—1949年）时期，是在争取民族解放和民主自由的过程中建立的，因此被称为“民主党派”。中国政党制度的显著特征是：中国共产党领导、多党派合作，中国共产党执政、多党派参政。各民主党派是与中国共产党团结合作的亲密友党和参政党，而不是反对党或在野党。各民主党派参加国家政权，参与国家大政方针和国家领导人选的协商，参与国家事务的管理，参与国家方针政策、法律法规的制定和执行。中国人民政治协商会议是有广泛代表性的统一战线的组织，是中国共产党领导的多党合作和政治协商的重要机构，也是中国政治生活中发扬民主的重要形式。

中国是一个统一的多民族国家，迄今为止，通过识别并由中央政府确认的民族有56个。其中，汉族人口最多，其他55个民族人口较少，习惯上被称为少数民族。2000年第五次全国人口普查统计，55个少数民族人口为10449万人，占全国总人口的8.41%。世界上的多民族国家在处理民族问题方面有不同的模式，中国根据本国的历史发展、文化特点、民族关系、民族分布等具体情况，采用的是民族区域自治。民族区域自治，是指在国家统一

领导下，在少数民族聚居地方实行区域自治，设立自治机关，行使自治权。民族自治地方分为自治区、自治州、自治县三级。目前，全国共建立了155个民族自治地方，其中包括5个自治区、30个自治州、120个自治县（旗）。在55个少数民族中，有44个建立了自治地方，实行区域自治的少数民族人口占少数民族总人口的71%。同时，国家还在相当于乡的少数民族聚居的地方建立了1173个民族乡，作为民族自治地方的补充形式。

中国13亿人口中有7亿多生活在农村。如何扩大和发展农村基层民主，使农民真正当家作主，充分行使自己的民主权利，是中国民主政治建设的重大问题。经过多年探索和实践，中国共产党领导亿万农民找到一条适合中国国情的农村基层民主政治建设的途径，这就是实行村民自治。村民自治组织是村民委员会，村民委员会成员由村民直接选举产生。在选举过程中村民委员会成员候选人由村民自己提名或参加投票选举，当场公布选举结果。村民的选举热情高涨，据不完全统计，全国农村居民的平均参选率超过80%。目前全国绝大多数省、自治区、直辖市都普遍完成了五至六届村委会换届选举。

在半个多世纪的执政实践中，中国共产党形成了关于民主执政的一系列重要思想，初步建立了民主执政的制度体系，探索了民主执政的新途径和新方法。在中国，中国共产党的领导主要是政治、思想和组织领导，通过制定大政方针，提出立法建议，推荐重要干部，进行思想宣传，发挥党组织和党员的作用，坚持依法执政，实施党对国家和社会的领导。在实践中，中国共产党不断改革和完善领导体制和工作机制，努力探索民主执政的实践形式，按照执政党总揽全局、协调各方的原则，规范党委与人大、政府、政协和人民团体的关系。以发展党内民主带动人民民主是中国共产党民主执政的重要内容。经过长期不懈努力，中国共产党逐步探索出一套适合中国国情的监督和制约权力、有效开展反腐倡廉工作的制度、机制和办法，初步建立健全教育、制度、监督并重的惩治和预防腐败体系。

2007年9月，江苏海门市正余镇正基村首次以“无候选人一次性直接选举”的方式选出了村民满意的村官

中国各级政府按照民主执政的要求，大力加强民主行政能力建设。中国政府强调要严格按照法定权限和程序行使职权，在行政执法过程中，注意依法保障当事人和利害关系人的权益，坚决纠正行政执法中的以权谋私等各种违法行为。中国政府在接受人大、政协、司法、舆论和群众监督的同时，还建立和完善了一系列行政监督制度。中国政府按照民主行政的要求，加快政府职能转变，大力推进管理体制和制度创新，努力建设廉洁、高效、务实政府，使政府行政充满效率和活力。

中国不断建立和完善司法体制和工作机制，加强司法民主建设，努力通过司法活动保障公民和法人的合法权益，在全社会实现公平和正义。中国在人民代表大会之下设立行政机关的同时，还专门设立独立审判机关和独立检察机关，实行审判机关与检察机关分开的司法体制。司法机关以事实为依据，以法律为准绳，严格依法办事，惩治违法犯罪，保障公民合法权益。在制度和程序上，中国司法坚持法律面前人人平等和罪刑法定等原则，通过实行审级制度、回避制度、公开审判制度、人民陪审员制度、人民监督员制度、律师制度、法律援助制度、人民调解制度等，维护和实现司法公正和民主，保障人民民主权利。

近年来，伴随着国家现代化建设事业的发展，中国的民主制度不断健全，民主形式日益丰富，民主渠道逐步拓宽，民主选举、民主决策、民主管理、民主监督得到更广泛的实行，人民的知情权、参与权、表达权、监督权进一步得到保障。

——中国的立法民主不断向前推进，几乎每一件法案的起草都采取专家座谈会、论证会等形式，听取各方面意见。包括《物权法》在内的一些关系人民切身利益的重大法案，在起草过程中都把草案向全民公布征求意见。

——1996年颁布的《律师法》确立了中国律师制度的基本框架。

——2004年3月，全国人大十届二次会议审议通过的宪法修正案，将“国家尊重和保障人权”载入宪法。

——通过推广政府门户网站为窗口的电子政务、建立健全政府新闻发言人制度和突发事件新闻报道机制等工作，政府工作透明度不断提高。

——社会听证和公示已逐渐成为各级政府在作出决策时经常采用的方法。

——2004年7月1日，《中华人民共和国行政许可法》正式实施，确立了行政许可的一系列原则和制度。

七、世界上最大的发展中国家

UNDERSTANDIN CHINA

中国是当今世界上人口最多的发展中大国。人口众多、资源相对不足、环境承载能力较弱，是中国现阶段的基本国情，并且短时间内难以改变。中国面临的发展问题，主要表现在不发达的经济同人民日益增长的物质文化需求的矛盾，表现在经济社会发展同人口、资源、环境压力较大的矛盾。

中国现代化建设任务十分艰巨，实现发展目标还有很长的路要走，需要几代、十几代甚至几十代人的长期不懈奋斗。当前，中国人民正在为全面建设小康社会而奋斗，不断创造更加幸福美好的新生活。

（一）庞大的人口负担

中国最大的国情是人多，不发达。中国所面临的人口压力是其他国家的人们难以想像的。中国人1天所消耗的食物，基本上相当于新西兰人1年，日本人13天，美国人4天的消耗。人口问题是中国经济社会发展的关键性因素，也是中国发展中将长期面临的重大问题。

春运期间赶火车回家过年的拥挤人群

到2006年末，中国有131448万人口，约占世界总人口的22%，是美国的4倍多，日本的10倍多，加拿大和澳大利亚的几十倍。在中国，不管多么小的问题，只要乘以13亿，那就成为很大的问题；不管多么可观的财力、物力，只要除以13亿，那就成为很低的人均水平。若以人均计算，中国在许多方面居世界之后。中国的国土面积居世界第三，但人均耕地资源只有0.103公顷，大约是美国的1/10，加拿大的1/30；人均淡水资源只有世界平均水平的1/4。尽管中国的国内生产总值目前已排在世界前列，但人均很低，在世界100位之后。

在公园里晨练的老人

经过30年的改革开放，中国的财富增长了，人民的生活水平提高了，但在世界上仍然处在不发达国家行列。目前，全国城镇享受低保的生活困难人口还有2000多万人。到2006年底，全国农村没有解决温饱的贫困人口还有2000多万人，刚刚越过温饱线但还不稳定的低收入人口有3550万人。全国有6000多万残疾人口，有近200万流动儿童失辍学。

如果不是自上世纪70年代开始实行了正确的人口和计划生育政策，中国目前的人口数不会是13亿，而应该是17亿。由于正确的人口政策，不仅使中国13亿人口日推迟了4年，并成功改变了中国人口发展的轨迹，也迟滞了世界总人口的增长。虽然中国已经进入了低生育率国家行列，但由于人口增长的惯性作用，当前和今后几十年，中国人口仍将以年均800－1000万的速度增长。按目前总和生育率1.8预测，2010年和2020年，中国人口总量将分别达到13.7亿和14.6亿；人口总量高峰将出现在2033年前后，达到15亿左右。

近年来各年龄段人口数及比重

（单位:万人，%）

年份	年底总人口	各年龄组人口					
		0-14岁		15-64岁		65岁及以上	
		人口数	比重	人口数	比重	人口数	比重
1990	114333	31670	27.70	76260	66.70	6403	5.60
1995	121121	32218	26.60	81393	67.20	7510	6.20
2000	126743	29024	22.90	88847	70.10	8872	7.00
2005	130756	26504	20.27	94197	72.04	10055	7.69
2006	131448	25961	19.80	95068	72.30	10419	7.90

资料来源：中华人民共和国国家统计局

庞大的人口数量对中国经济社会发展产生多方面影响，在给经济社会的发展提供了丰富的劳动力资源的同时，也给经济发展、社会进步、资源利用、环境保护等诸多方面带来沉重的压力。

中国已进入老龄化社会。2006年，65岁以上老年人口达到10419万人，占全国人口的比重达到7.9%。据预测，到2020年，65岁以上老年人口将达1.64亿，占总人口比重16.1%，80岁以上老人将达2200万人。中国老龄化呈现速度快、规模大、“未富先老”等特点。

从人口性别结构看，2006年，男性人口占51.5%，为67728万人；女性人口占48.5%，为63720万人。总人口性别比为106.29，出生人口性别比居高不下，达到119.25，远高于国际公认的出生人口性别比的正常水平(103.07)。

中国人口科学文化素质的总体水平还不高：一是人口粗文盲率大大高于发达国家2%以下的水平；二是大学粗入学率大大低于发达国家；三是平均受教育年限不仅低于发达国家的人均受教育水平，而且低于世界平均水平。同时，城乡人口受教育程度存在明显差异。2004年，城镇人均受教育年限为9.43年，乡村为7年；城镇文盲率为4.91%，乡村为10.71%。

中国13亿人口中，年龄为15岁到64岁的人口有9亿多，比整个发达国家人口还多3亿以上。据预测，到2016年，15－64岁年龄人口将达到峰值10.1亿，2020年仍高达10亿左右。

劳动年龄人口保持增长态势。目前，中国城镇每年新增劳动力近千万，农村有剩余劳动力2亿多。就业的增长主要在城市，2000－2005年，中国农村的就业增长是负值，每年都有数百万人甚至上千万人从农村转移到城镇就业，而城镇每年平均增加约900多万个就业机会，难以满足新增劳动力和失业人员的就业需要。尽管中国目前的人口自然增长率已明显下降，妇女总和生育率已降到更替水平以下，但由于过去长期以来人口增长的惯性，总人口和劳动年龄人口都处于上升趋势，就业形势总体上处于供大于求的紧张局面。直到2030年，一般情况下中国每年劳动年龄人口总供给也不会低于目前的水平。

近年来，内蒙古满洲里市也和全国许多中小城市一样市区面积不断扩大

中国城镇化水平不断提高。由于多年来加快推进人口城镇化和产业结构升级，人口城镇化率以每年超过1个百分点的速度增长。2006年全国城镇人口为57706万人，占全国人口比重大约为43.9%。

在快速城市化过程中，由于农用土地变更用途成为推动经济增长和增加财政收入的重要来源，存在大规模征地的冲动，土地城市化的速度较快。但与此同时，由于征地而失去土地的农民，从乡村社会进入城镇社会，脱离了传统的乡村互助网络，进入人际关系陌生的城市社会，并没有因为户籍的变更而很快完成市民化的过程。土地的城市化大大快于农民的市民化，易产生

用工招聘会吸引了大量前来找工作的人

社会矛盾和冲突。

中国正处于并将长期处于欠发达状态，人们快速增长的福利需求与满足这种需求的矛盾将长期存在。中国社会保障面临的形势比较严峻，无论是社会保险、社会福利，还是社会救助等，都有许多工作要做。随着社会的发展变迁，中国延续了数千年的家庭代际养老模式正受到前所未有的挑战。中国目前的基本养老保险体制，大约只能覆盖全社会从业人员的20%左右，农民绝大多数是不享受的。即使是城镇的从业人员，也有约40%的人没有养老保险，包括大量的农民工和非正式就业人员都没有养老保险。医疗保障制度不健全。城镇医疗保障体系覆盖面小，农村合作医疗保障力度不够。近1.5亿流动人口的基本权益保障亟待加强。目前，中国政府正采取一系列措施，逐渐改变这种状况。

（二）发展中的差距和不平衡

当今的中国，在人们收入水平和生活水平不断提高的同时，还有一些低收入者的生活较为困难，不同社会成员之间的收入差距有扩大的趋势。社会事业发展相对滞后，教育、卫生、住房等一些涉及人民切身利益的问题还没有得到很好解决。

收入差距过大是中国社会发展中较突出的问题。据有关统计，当前中国20%的最富人口占有社会总收入的50%，而20%的最穷人口只占有社会总收入的5%，两者收入相差10倍。

中国收入差距问题集中表现在：一是城乡收入存在差距。2006年，中国城镇居民人均纯收入为11759元人民币，而农村居民人均纯收入为3587元人民币，城乡人均收入比为3.28：1。二是地区收入存在差距。2005年城镇居民人均纯收入最高的省份（直辖市除外）是浙江，为16239元人民币，最低的省份是新疆，仅为7990元人民币；农村居民人均纯收入最高的省份也是浙江，为6660元人民币，最低的省份是贵州，仅为1877元人民币。三是行业收入存在差距。2005年收入最高的服务业平均工资达到7.2万元人民币，

好收成让河南开封农民喜笑颜开

北京一所农民工子弟小学

而收入最低的纺织业，平均工资只有1.1万元人民币，相差6倍多。

社会发展的不平衡是由经济发展的不平衡造成的，而经济发展的不平衡主要表现在城乡（工业与农业）经济发展的不平衡上。中国的农业主要在农村，工业主要在城市，城乡发展不平衡可以从工农业发展不平衡看出来。在2005年城乡固定资产投资中，城镇占87.75%，而农村仅占12.25%。“三农”（农业、农村、农民）问题，是中国经济社会发展中头号难题。“三农”问题的出现，从深层次上分析是长期以来中国城乡分割的二元经济结构所致，表现在过多的农村人口与有限且不断减少的土地等农业生产资料的矛盾。目前，农民占中国总人口的56%，农业从业人员有3亿多，超过全部就业人数的40%，但创造的农业产值只占国内生产总值的11.8%。

经济发展的不平衡还表现在地区经济发展的不平衡。2004年人均国内生产总值，西部为7219元人民币，东部为18217元人民币，西部与东部间的绝对差额为10998元人民币，其比值为1：2.52。行业经济发展也不平衡。从2000到2006年，钢材增长了260.0%，汽车增长了251.2%，微型电子计算机增长了1289.2%，而农用化肥和棉布仅增长了75.5%和98.6%。

教育事业发展中也存在一些引人关注的问题。一是教育投入不足。2006年中国财政性教育经费占国内生产总值的2.86%，而发达国家这一比重大多超过4%或更多一些，发展中国家一般在4%左右。二是城乡、区域、校际之间教育资源配置不平衡，受教育机会不均等，特别是贫困家庭、进城务工农民子女上学难。三是教育“乱收费”现象屡禁不止。目前，中国人均受教育年限为8年，低于美国的13.4年、爱尔兰的11.7年、韩国的12.3年。

医疗卫生方面的问题，突出表现在卫生资源配置不合理。全国80%的卫生资源集中在城市，而优质医疗卫生资源又过度集中在城市大医院，社区卫生服务资源短缺，且没有形成“预防为主”的服务体系和合理就诊机制。在农村，医疗卫生资源短缺，广大农村居民只拥有20%左右的医疗资源，边远贫困地区缺医少药的现象更为突出。

中国经济社会发展正处于人均国内生产总值从1000美元向3000美元过渡的转型期，这是一个重要发展时期，既存在机遇，也面临挑战。

（三）经济发展与资源环境的矛盾

中国现有耕地1.22亿公顷，按照中国的发展战略规划，到2010年，全国耕地保有量应为1.2亿公顷。这是保证中国经济社会发展的一条耕地底线。

中国经济增长虽然很快，但高投入、高能耗、高物耗、高污染、多占地的粗放经济增长方式未能根本改变。特别是目前中国正处在工业化、城镇化加快发展时期，由于能源和各种资源消费强度较高，污染排放较重，经济发展与资源环境的矛盾越来越突出。

经济增长过分依赖第二产业，低能耗的第三产业发展滞后、比重偏低，这是造成消耗大污染重的一个重要原因。2006年，中国第三产业增加值占国内生产总值的比重为39.5%，而发达国家第三产业的比重大多超过70%，其中美国为75.3%，与中国发展水平相当的巴西、印度也分别高达75.1%和51%。

作为能源生产和消费大国，中国能源生产仅次于美国和俄罗斯，居世界第三位，消费仅次于美国，居世界第二位。然而，由于人口众多，中国又是一个能源资源相对匮乏的国家，而且消费结构不合理。

北京金融街。政府鼓励发展低耗能的第三产业

中国的能源资源拥有量低。目前，中国人均石油资源为世界平均值的17.1%，人均天然气资源为世界平均值的13.2%。中国是煤炭资源大国，但人均煤炭资源

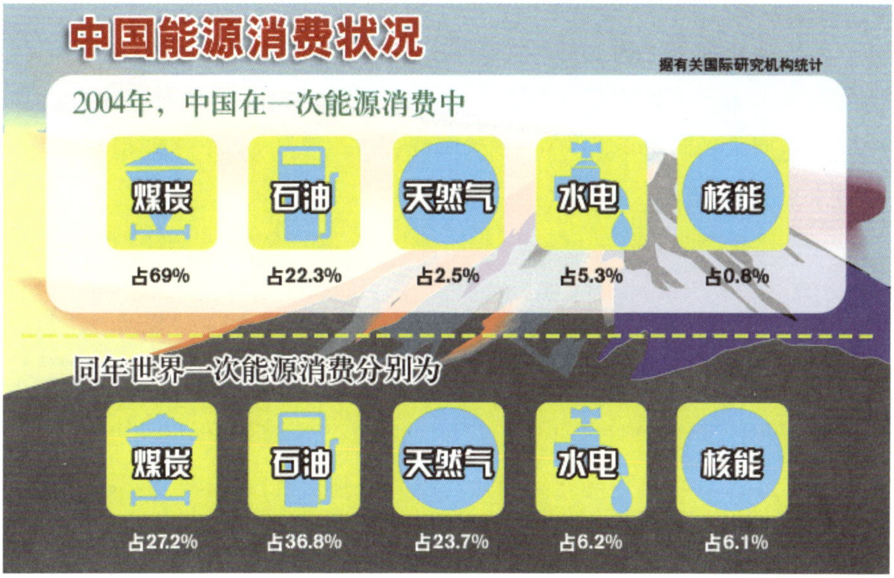

只有世界平均值的42.5%。

中国能源资源分布广泛但不均衡。煤炭资源主要赋存在华北、西北地区，水力资源主要分布在西南地区，石油、天然气资源主要集中在东、中、西部地区和海域。中国主要的能源消费地区集中在东南沿海经济发达地区。大规模、远距离的北煤南运、北油南运、西气东输、西电东送，是中国能源流向的显著特征和能源运输的基本格局。

中国的资源需求增长较快。上世纪90年代，中国石油消费量由1.18亿吨增到2.35亿吨，增长99%，年均增长7.2%；天然气从114亿立方米增到277亿立方米，年均增长9.3%；钢从0.67亿吨增到1.63亿吨，年均增长9.3%；铜从72.9万吨增到211万吨，年均增长11.2%。据有关国际研究机构统计，2001至2004年期间，中国的能源消费年均增长15.95%，远高于世界年均增长3%。

在能源技术上，虽然中国已经取得很大进步，但与发展的要求和国际先进水平相比，还有很大差距。可再生能源、清洁能源、替代能源等技术的开发相对滞后，节能降耗、污染治理等技术的应用还不广泛。从主要用能行业和耗能设备看，与国际先进水平相比，中国水泥综合能耗高23.6%，大中型钢铁企业吨位钢可比能耗高15.1%，火电供电能耗高20.5%。2004年中国单位产值能耗比世界平均水平高2.4倍，比美国高3.2倍，比日本高6.6倍。每吨标准煤的产出效率相于美国的28.6%，欧盟的16.8%，日本的10.3%。中国农业用水的利用系数为0.4，为国际先进水平的50%，工业用水是国际先进水平的10倍。

粗放型经济导致低效率和低产出。中国劳动生产率明显低于西方发达国家。以第二产业为例，中国的劳动生产率仅为美国的3.3%，日本的5.6%，法国的6.3%，德国的8.3%和韩国的14.3%。

污染严重是经济粗放型发展所致。目前，中国每年二氧化硫排放达2500多万吨，化学需氧量排放达1400多万吨，单位GDP氮氧化物高于发达国家。

中国生态环境总体恶化的趋势还没有得到根本扭转。干旱、半干旱区占国土面积的52%，高寒缺氧的青藏高原面积达240万平方公里，水土流失严重的黄土高原面积达64万平方公里，石漠化的岩溶地区面积达90万平方公里。

（四）树立科学发展观

近年来，中国共产党和中国政府通过总结改革开放以来经济社会发展的得失，汲取世界各国现代化建设的经验教训，分析新世纪新阶段中国发展面临的条件、情况和大势，提出了以科学发展观统领经济社会发展全局的战略思想。

科学发展观，第一要义是发展，核心是以人为本，基本要求是全面协调可持续，根本方法是统筹兼顾。

——发展就是坚持以经济建设为中心，聚精会神搞建设，一心一意谋发展，不断解放和发展社会生产力。

——以人为本就是要把全体人民的利益放在第一位，以促进人的全面发展为中心，实现全体人民的愿望、满足全体人民的需要、维护全体人民的利益。

——全面协调可持续发展就是要推进经济、政治、文化和社会建设，实现经济发展与人口资源环境相协调，使整个社会走上生产发展、生活富裕、生态良好的文明发展道路，

——统筹兼顾就是要正确认识和妥善处理中国现代化建设中的重大关系，做到总揽全局、统筹规划。

按照科学发展观的要求，近年来中国转变发展观念、创新发展模式、提高发展质量，努力实现经济社会又好又快的发展，取得了积极成效。

坚持加强和改善宏观调控，加快经济结构调整和自主创新。针对经济运行中投资增长过快、货币信贷投放过多、外贸顺差过大等发展中突出问题，中央政府采取了一系列宏观调控措施。通过采取加强土地控制，加强货币信贷管理，加强财政、税收对经济运行的调节，以及加强房地产市场调控和监管等措施，避免了经济大起大落；着力优化产业结构，制定并实施了钢铁、

煤炭、水泥等11个行业结构调整的政策措施，淘汰落后生产能力。大力发展服务业，提升工业层次和水平，推进国民经济和社会信息化。加快发展高新技术产业，振兴装备制造业，积极发展可再生能源，有序发展替代能源。实施国家重大科技专项，努力攻克事关国计民生和国家安全的核心关键技术。加强基础研究、前沿技术研究和社会公益研究。

坚持节约优先、立足国内、多元发展、保护环境的能源战略，构筑稳定、经济、清洁的能源供应体系，努力建设资源节约型社会。坚决实行最严格的土地管理制度。中国能源供应主要立足国内，多年来自给率一直保持在90%以上。

更加重视节能降耗、保护环境和节约集约用地。完善节能降耗、污染减排政策，普遍建立节能减排目标责任制。积极推进重点行业、重点企业和重点工程的节能工作，开展循环经济试点。完善并严格执行能耗和环保标准，坚决淘汰落后生产能力，加快节能环保技术进步。近年来中国各级政府做了大量工作，许多重要的节能减排政策措施、行业政策、技术措施正在落实，有些措施已经初见成效。2006年，GDP单位能耗由2003、2004、2005年分别上升4.9%、5.5%和0.2%转为下降1.2%。

加大污染治理和环境保护力度。2006年至2010年间，将关停5000万千瓦小火电机组，淘汰落后炼铁产能1亿吨、落后炼钢产能5500万吨。

中国把节约能源作为一项重大战略，大力发展循环经济，努力以最小的

新疆乌鲁木齐风力发电站

资源消耗实现发展。按照国家发展规划要求，从2006到2010年的5年内，中国要实现单位国内生产总值能耗下降20%左右的目标。中国坚持能源多元化发展战略，有序发展煤炭，积极发展电力，实行油气并举。近年来，国家大力发展风能、生物能、太阳能、地热能和海洋能等新能源和可再生能源，优质清洁能源消费的比重逐步上升。中国已提出到2020年，使可再生能源在能源结构中的比重从目前的7%提高到16%左右。

坚持将环境保护和生态建设作为一项基本国策，积极应对全球环境领域面临的共同问题，努力建设环境友好型社会。

越来越多的居民使用太阳能热水器

在推进经济发展的同时，中国采取一系列措施加强环境保护。国家坚持预防为主、综合治理，强化从源头防止污染和保护环境，充分运用法律、经济、技术和必要的行政手段保护环境；坚持全面推进、重点突破，着力解决危害人民健康和影响可持续发展的突出环境问题；坚持保护优先、开发有序，以控制不合理的资源开发活动为重点，强化对自然资源的生态保护；坚持资源节约，积极倡导环境友好的消费方式，不断培育促进环境友好的社会氛围；坚持把污染防治与生态保护相结合，努力改善生态环境质量。

中国的环境保护工作取得了积极进展。目前，环境污染和生态破坏加剧的趋势减缓，部分流域污染治理初见成效，部分城市和地区环境质量有所改善，工业产品的污染排放强度有所下降，全社会环境保护意识进一步增强。城市空气质量总体趋于好转。2006年监测的559个城市中，空气质量达到或优于国家空气质量标准的占62.4%，比2002年提高28.6个百分点。主要污染物排放总量增幅减缓。2006年化学需氧量、二氧化硫排放量分别由2005年

浙江宁波一家污水处理公司

的增长5.6%和13.1%减为增长1.2%和1.8%。林业生态建设稳步发展，荒漠化和沙化整体扩展的趋势得到初步遏制。全国森林面积达到17491万公顷，湿地总面积为3849公顷。中国已提出到2010年，在保持国民经济平稳增长的同时，使重点地区和城市的环境质量得到改善，生态环境恶化趋势基本得到遏制，主要污染物排放总量减少10%，城市生活垃圾无害化处理率不低于60%，森林覆盖率提高到20%，并在降低温室气体排放方面取得成效。

国家坚持实施区域发展总体战略，统筹兼顾、合理规划、发挥优势、落实政策，促进区域协调发展。西部大开发扎实推进，巩固和发展退耕还林、退牧还草成果，实施天然林保护、防沙治沙等重点生态工程。振兴东北老工业基地工作顺利展开，加大产业结构调整力度，加强商品粮基地建设，加快旧城改造。促进中部地区崛起的政策开始实施，加强粮食生产能力和能源、原材料、交通运输体系建设。东部地区率先发展取得新成就，产业结构继续优化，自主创新能力和国际竞争力增强。

（五）努力构建和谐社会

在中国这样一个人口众多、发展不平衡的大国进行现代化建设，必须按照民主法治、公平正义、诚信友爱、充满活力、安定有序、人与自然和谐相处的总要求，以解决全体人民最关心、最直接、最现实的利益问题为重点，着力发展社会事业、促进社会公平正义、建设和谐文化、完善社会管理、增强社会创造活力、走共同富裕道路，推动社会建设与经济建设、政治建设、文化建设协调发展。

针对中国社会发展的实际和存在的一些影响社会和谐的矛盾和问题，中国提出了构建社会主义和谐社会的重大战略思想。到2020年，构建社会主义和谐社会的目标和主要任务是：社会主义民主法制更加完善，依法治国基本方略得到全面落实，人民的权益得到切实尊重和保障；城乡、区域发展差距扩大的趋势逐步扭转，合理有序的收入分配格局基本形成，家庭财产普遍增加，人民过上更加富足的生活；社会就业比较充分，覆盖城乡居民的社会保障体系基本建立；基本公共服务体系更加完备，政府管理和服务水平有较大提高；全民族的思想道德素质、科学文化素质和健康素质明显提高，良好道德风尚、和谐人际关

2007年12月，哈尔滨市南岗区设立了居民纠纷调解室，调解居民纠纷

系进一步形成；全社会创造活力显著增强，创新型国家基本建成；社会管理体系更加完善，社会秩序良好；资源利用效率显著提高，生态环境明显好转；实现全面建设十几亿人口的更高水平的小康社会的目标，努力形成全体人民各尽其能、各得其所而又和谐相处的局面。

近年来，中国中央政府和各级地方政府采取各种有力举措，在构建和谐社会方面迈出重要步伐。

在教育事业发展方面，中国政府坚持把教育放在优先发展的战略地位，加快各级各类教育的发展，总的布局是，普及和巩固义务教育，加快发展职业教育，着力提高高等教育质量。2006年中央政府财政用于教育、卫生和文化事业的支出分别比上年增长39.4%、65.4%和23.9%。2007年在全国农村免除义务教育阶段的学杂费，使1.5亿中小学生的家庭普遍减轻经济负担，并继续对农村贫困家庭学生免费提供教科书并补助寄宿生活费。

在卫生事业发展方面，着眼于建设覆盖城乡居民的基本卫生保健制度。积极推行新型农村合作医疗制度，2007年试点范围扩大到全国80%以上的县(市、区)。到2007年6月底，全国参加农村合作医疗的人数达7.2亿。同时加快建设以社区为基础的新型城市卫生服务体系。国家已启动大病统筹为主

江苏泰州特殊教育学校带领盲人学生到公园“看”风景，触摸大自然

医务人员送医送药下乡

的城镇居民基本医疗试点，政府向经济困难者提供必要的资助。

在就业和社会保障方面，国家进一步完善和落实就业和再就业扶持政策，多渠道开发就业岗位，积极支持自主创业和自谋职业。经过多年努力，国有企业下岗职工基本生活保障向失业保险并轨基本完成。全面推行劳动合同制度，保障劳动者合法权益。加强社会保障体系建设，2007年中央财政安排社会保障支出2019亿元人民币，比上年增加247亿元人民币。继续完善企业职工基本养老保险制度，加快建立适合农民工特点的社会保障制度。完善城乡社会救助体系，社会救助体系框架基本建立，健全城市居民最低生活保障制度、城乡医疗救助制度、城市生活无着的流浪乞讨人员救助制度。2007年开始在全国范围内建立农村最低生活保障制度。

在推进城乡协调发展方面，自2006年起在全国范围内取消了农业税和农业特产税，终结了延续2600多年农民种地交税的历史，并对种粮农民进行补贴，使农业连续三年增产。加大对农村基础设施建设的投入，农村水利、道路、电网、通信、安全饮水、沼气等建设加快。多渠道增加农民收入，努力增加种养业、林业收入，积极发展农村二三产业，大力推进农业产业化经营。

在司法体制建设方面，努力从制度上保障审判机关和检察机关依法独立公正地行使审判权和检察权，更好地维护人民的民主权利和合法权益，维护社会的公平与正义。死刑核准权统一收归最高人民法院行使，死刑案件办理程序进一步完善。审判公开、检务公开进一步深化，健全了对诉讼活动的检察监督机制，特别是对司法工作人员渎职行为的监督机制。建立起统一的司法鉴定管理体制。

2007年10月召开的中国共产党第十七次全国代表大会，再一次明确提出了到2020年实现全面建设小康社会的奋斗目标。到2020年全面建设小康社会目标实现之时，中国这个历史悠久的文明古国和发展中的社会主义大国，将成为工业化基本实现、综合国力显著增强、国内市场总体规模位居世界前列的国家，成为人民富裕程度普遍提高、生活质量明显改善、生态环境良好的国家，成为人民享有更加充分民主权利、具有更高文明素质和精神追求的国家，成为各方面制度更加完善、社会更加充满活力而又安全团结的国家，成为对外更加开放、更加具有亲和力、为人类文明作出更大贡献的国家。

八、经济全球化时代

的中国与世界

UNDERSTANDIN CHINA

1978年改革开放前的中国，经济上基本自给自足，与世界经济体系相脱离。实行改革开放政策以来，中国顺应经济全球化的发展趋势，坚持走和平发展道路，既充分利用和平与发展的国际环境来发展自己，又通过自身的发展来维护世界和平，促进共同发展。

当代中国与世界的关系发生了历史性变化，中国的前途命运日益紧密地同世界的前途命运联系在一起。

中国已成为当今国际体系的参与者、维护者和建设者，在国际事务中发挥着重要作用。作为一个负责任的发展中大国，中国致力于与各国一道建设一个持久和平、共同繁荣的和谐世界。

（一）加入经济全球化进程

各国间经贸关系日益密切是过去几十年间的一个基本趋势。从1950年到2005年，世界贸易依存度从5.0%上升到28.4%，呈长期上升的趋势。可以说，除了个别国家外，世界各国都卷入了世界分工和贸易体系之中，对外贸易成为世界各国经济增长的重要发动机。

美国兰德公司亚太政策中心负责人威廉·奥韦霍尔特对中国与日本加入经济全球化进程有过如下评论："尽管姗姗来迟，中国却以远比日本更加热情的姿态加入全球化体系。中国经济的开放程度远超日本。2004年，中国对外贸易额相当于其GDP的70%，而日本的仅为其24%；中国引进了606亿美元的外国直接投资，而日本，尽管其经济规模数倍于中国，由于处在应当吸引相当数量外资的经济调整时期，实际获得的外国直接投资却只有201亿美元。"（《中国与全球化》）

改革开放和经济全球化使中国与世界的联系更加紧密，贸易依存度也在不断提高。1978年，中国对外贸易依存度仅为10%，而1994年达到了42%，此后几年略有下降，但也在30%以上，2002年又达到43%，2006年进一步达到历史最高水平67%。外贸依存度的大幅上升，说明贸易在中国经济发展

北京CBD中央商务区聚集了众多的全球500强企业

中的作用显著增强，也反映了中国参与经济全球化的程度不断提高。

中国的对外开放水平已迈上新台阶，国际化程度不断提高。加入世界贸易组织五年来，中国遵守世贸组织规则、履行入世承诺，适时调整和改革经济体制，修订完善相关法律法规，全面融入世界经济体系。目前中国的关税总水平是9.9%，低于39%的全球关税总体水平；中国的非农产品关税水平和农产品关税水平分别是9%和15%，而全球水平分别是29%和60%。国内各行业中，特别是服务业的对外开放程度大幅度提高，在WTO分类的160多个服务部门中，中国做出承诺的有100个，占62.5%，接近于WTO发达成员平均水平。

中国是国际多边贸易体制的参与者和建设者，积极参与全球及区域经济合作进程，并发挥建设性作用。中国积极参与世界贸易组织、国际货币基金组织、世界银行、亚洲开发银行等多边和区域经济合作组织活动，并参与八国集团、十二国集团对话，加强与主要经济体的宏观政策协调和金融、外汇、产业、贸易、能源等领域的对话。中国还以发展中国家身份积极参与国际多边贸易体制和国际经济规则制定，并发挥建设性作用。中国积极推动世贸组织多哈回合谈判尽快重启。

中国重视区域双边经济合作机制作用。中国参加的上海合作组织、亚太

2006年12月，“第八届中国经济学家论坛”在北京召开，有40多位各国驻华使馆和国际组织的代表参会

经济合作组织、亚欧会议、东盟与中日韩（“10+3”）、大湄公河次区域合作、亚太贸易协定等区域经济合作机制下的贸易投资便利化谈判已取得了积极进展。通过中国－东盟（“10+1”）合作、中非合作论坛、中阿合作论坛、中国－加勒比经贸合作论坛、中国－太平洋岛国经济发展合作论坛等活动，中国与有关国家和地区加强区域经济合作步伐。到2006年底，中国与有关国家和地区建立的双边经贸合作机制共178个。自2001年至2005年，中国与日本、韩国等近20个国家建立起对外经济合作协调机制。2006年，中国与美国启动战略经济对话机制并成功举行首次对话。

中国与有关国家和地区不断加快自由贸易区建设，拓宽合作领域，提高合作水平。到2006年底，中国与有关国家和地区商谈的自由贸易区共有11个，涉及28个国家和地区，贸易额约占中国对外贸易总额的1/4。其中，中国与东盟自由贸易区建设已全面启动，并将于2010年建成。

（二）给世界带来新的发展机遇

"历史上没有任何一个国家能够像中国那样在过去30年中保持如此令人眼花缭乱的经济增长率。"这是2007年9月29日英国《经济学家》杂志一篇文章对中国经济快速发展的评论。自1978年以来，中国经济增长率年均近10%，远远超过日本和当年亚洲"四小龙"（韩国、新加坡、香港、台湾）经济起飞时期的增长率。

中国的发展是世界的发展的一个重要组成部分，中国的发展与全人类的共同利益息息相关。不断发展壮大的中国对世界其他国家的重要性也越来越大。

中国的发展对全球贸易增长起到了积极的拉动作用。据世界银行公布的数据，2003年至2005年，中国经济对世界经济增长的贡献率超过13.8%，仅次于美国，排名世界第二，对国际贸易增长的贡献率超过12%。

从2001年中国加入世界贸易组织以来，中国平均每年进口5000亿美元以上的商品，为相关国家和地区创造了约1000万个就业机会。

2006年，中国进口继续保持增长，总额达到7916亿美元，增长20.0%，比上年加快2.4个百分点。其中，从欧盟进口903.2亿美元，增长22.7%；从日本进口1157.2亿美元，增长15.2%；从美国进口592.1亿美元，增长21.8%；从东盟国家进口895亿美元，增长19.4%。

中国进口规模的快速增长，为其他国家提供了广阔的市场。美国有关机构的统计显示，在过去10年中，仅美国对华出口就增长了350%，相当于同期美国对世界其他地区出口增幅的6倍。中国已成为美国产品的广阔市场。可口可乐在中国的销售量早已超过被视神话的1亿罐目标，通用、福特汽车公司在中国销售了大量别克、福特汽车。

同时，中国逐年增加的出口，也为许多国家的消费者提供了物美价廉的商品，不仅满足了进口国广大消费者的需求，提高了进口国居民的实际收入水平，而且也有助于进口国保持经济的稳定。中国制造的生活用品，切实地改善了美国人生活，特别是那些不富裕的美国人。据不完全统计，因为能买到来自中国的廉价商品，美国人的生活水平已经提高了大约5%–10%。

物美价廉的中国产品也使一些国家的通货膨胀率维持在较低水平，进而延长了经济的上升周期。中国的外汇储备有相当一部分购买了美国等西方国家的国债，这有助于缓解美国等国的财政赤字的压力。

中国参与经济全球化，为全球产业结构优化拓展了空间，促进了各国经济互补，成为世界经济保持活力的一个重要因素。在开放和融入世界市场的过程中，中国以自己的市场和其他要素为世界提供机遇与财富源泉，推动了世界分工体系、价格体系和供求体系的改变，促进了经济结构的优化与升级。"中国因素"在世界经济中发挥着积极作用。

中国的发展为国际资本提供了广阔市场，在中国投资得到了积极回报。中国巨大的基础设施建设市场使许多外国公司获得大量商机。1990年至2005年，在华外资企业汇出利润达2800亿美元。中国美国商会的调查表明，约70%的在华美国公司赢利，其中42%的公司在华利润超过全球的平均利润率。

随着中国企业实力的发展壮大，对外投资也在不断增加。2002年以来，中国企业非金融类对外直接投资年均增长超过43%，到2006年底，已累计达733亿美元，其中61%集中在亚洲地区。中国在海外的投资不仅促进了发展中国家的经济增长，为一些发达国家提供了新的就业机会，而且还挽救了一些濒临绝境的企业。

河南郑州的肯德基汽车穿梭餐厅是肯德基在中国开的第六家汽车穿梭餐厅

中国公民出境旅游目的地国家和地区达到132个，中国已成为亚洲第一大出境旅游客源输出国。2006年，中国内地居民出境

投资中国20年，摩托罗拉成为在中国最大的外商制造企业

人数达到3452万人次，因私出境2880万人次，比上年增长14.6%。

中国开展对外经贸合作有着巨大潜力和美好前景。今后几年，中国每年进口将超过7000亿美元以上，到2010年将超过1万亿美元。到2020年，中国市场规模和总需求将比2000年翻两番。在这一过程中，世界各国都能从与中国的互利合作中找到自己的发展机遇和巨大商机，这将对拉动世界经济增长产生重要的积极作用。

对于本世纪上半叶中国经济的发展前景，国际上一些经济研究机构纷纷作出预测，较为一致的看法是：中国经济今后将以每年8%以上的速度持续增长。到2010年，中国GDP将达到3.8万亿美元；人均GDP接近3000美元；中国将成为世界第一出口大国、第二进口大国以及主要利用外资和对外投资国。2020年左右，中国综合国力将再上一个新台阶，国际竞争力进入世界前10–15位。预计2005–2020年，按平价购买力计算，中国对世界新增GDP贡献率将为37%。未来的中国，将给世界带来更多的发展机遇。

（三）一个负责任的发展中大国

截至2007年底，中国已与170个国家建立了外交关系，与230多个国家和地区有经贸往来，参加了130多个政府间国际组织，加入了22项国际人权公约，签署了300多项国际条约。在国际事务中，中国既享有广泛的权利，也承担了相应义务，是国际社会的重要一员。

中国是当今国际体系的参与者、维护者和建设者。

——参与联合国事务并维护联合国权威。中国是旧金山制宪会议发起国，是联合国创始会员国，也是第一个签署《联合国宪章》的国家，为联合国诞生作出了突出贡献。自1971年中国恢复在联合国的合法席位以来，中国积极参与联合国各领域工作，不断深化与联合国的合作，切实履行自己的国际义务，坚持捍卫《联合国宪章》的宗旨和原则。作为联合国安理会常任理事国，中国全面参与联合国安理会工作，努力维护安理会的权威和作用，推动通过协商、对话、谈判等和平手段解决地区热点问题，支持联合国秘书长开展斡旋、调解等预防性外交。中国为安理会成功处理两伊战争、柬埔寨、东帝汶等一系列问题发挥了建设性作用。中国支持联合国进行全方位、多领域的必要、合理改革，主张联合国应该始终朝着有利于维护《联合国宪章》的宗旨和原则、有利于会员国团结、有利于会员国整体和长远利益的方向发展。中国支持联合国在国际反恐和防扩散领域的主导和协调作用，支持联合国部署维和行动，积极推动在联合国框架内解决地区冲突。中国广泛参与联合国在人权、发展、司法、环境保护、文化交流等各领域的国际对话和合作。

——参与全球能源安全和环境保护合作。中国积极加强双边和多边能源合作，重视与国际社会共同维护世界能源安全，近年来，在能源开发、利用、技术、环保、可再生和新能源等方面，中国与有关国际组织和国家积极开展对话与合作。中国统筹国内发展和对外开放，积极参与世界石油天然气等资源的开发和合作，在开放的格局中维护能源安全。中国与联合国环境规划署等十多个国际政府间组织、非政府组织开展了有效合作，中国已参加了50多项涉及环境保护的国际条约，并切实开展履约工作。中国与美国、日本、加拿大、俄罗斯等42个国家签署了双边环境保护合作协议或谅解备忘录，与欧盟、阿拉伯国家联盟等建立了环境合作机制，并帮助非洲国家开展环境保护能力建设。中国以负责任和积极的态度参与区域环境保护，建立了中日韩三国环境部长会议机制，启动大湄公河次区域环境合作机制，以及东盟与中国（“10＋1”）和东盟与中日韩（“10＋3”）机制下环境合作。

——致力于加强国际军控、裁军和防扩散合作。中国一贯主张全面禁止和彻底销毁核武器。中国自拥有核武器之日起就郑重声明，在任何时候任何情况下都不首先使用核武器，不对无核国家使用或威胁使用核武器。中国对发展核武器始终采取极为克制的态度，核武库规模始终保持在自卫所需的最低水平。中国从未在国外部署核武器。中国是《全面禁止核试验条约》的首批签署国之一，自1996年7月起暂停核试验，并一直恪守承诺。中国坚定支持《禁止生物武器公约》和《禁止化学武器公约》的实施，忠实履行公约义务。中国主张和平利用外空，推动国际社会采取切实行动有效防止外空武器化和外空军备竞赛。中国坚决反对大规模杀伤性武器及其运载工具的扩散，积极参与国际防扩散进程。中国已参加了防扩散领域的所有国际条约和相关

2006年7月，在马来西亚首都吉隆坡举行的东盟与中日韩外长会议

上海合作组织成员国联合举行“和平使命——2007”反恐军演

国际组织，并与其他国家和有关多国出口控制机制积极开展交流合作，推动通过对话和合作，以和平方式解决防扩散相关问题。中国不断完善涵盖核、生物、化学、导弹等相关敏感物项和技术及所有军品的完备的出口管制法规体系，建立跨部门防扩散出口管制应急协调机制，加大执法力度。

——努力维护周边和地区安全稳定。中国以实际行动寻求睦邻互信，促进双边合作和地区安全合作，推动完善地区安全对话合作机制。本着公认的国际关系准则及平等协商、互谅互让的精神，中国妥善解决与邻国的边境问题，化解争端，促进稳定。经过与有关国家的共同努力，中国已与12个陆地邻国签订边界条约，解决了历史遗留的边界问题。中国与印度、不丹边界问题的解决正在朝着积极方向发展。中国与有关邻国签署一系列旨在促进双边互信的协定，与东盟签署旨在维护南海稳定、开展南海合作的《南海各方行为宣言》，与菲律宾、越南在南海地区共同开发方面取得突破性进展。中国以更加主动务实的姿态积极发展与大国的军事关系，加强与周边国家军事交往，深化与发展中国家的军事交流。通过加强高层互访，巩固双边友好合作基础；通过开展战略磋商和对话，增进相互沟通与信任；通过扩大利益汇合点，增强相互依存，避免对抗，努力实现共同安全稳定。

——积极推进地区安全对话和合作。在中国与东盟合作、东盟与中日韩合作、上海合作组织、亚欧会议、东盟地区论坛、亚洲合作对话等区域和跨区域机制中，发挥建设性作用。在上海合作组织框架内，中国与上海合作组织成员国全面加强防务安全合作，建立包括元首、总理、外长、国防部长会晤在内的多层次、宽领域合作机制，启动上海合作组织秘书处和地区反恐怖机构，倡议建立互信、互利、平等、相互尊重的新型全球安全架构。中国高度重视东盟地区论坛的作用，并对论坛的健康发展提出建设性主张，多次在论坛框架内，承办或合办有关非传统安全领域的研讨会。中国作为域外大国率先加入《东南亚友好合作条约》，为中国同东盟国家的和平友好注入了新活力。中国积极参与海上搜救、打击海盗、打击制贩毒品等非传统安全领域的地区合作。

——参与处理全球和地区热点问题。主张通过谈判、对话等政治和外交手段解决国际争端，促进各国共同安全。在朝鲜半岛核问题上，中国始终主张对话和平解决朝核问题，实现半岛无核化，维护半岛和东北亚地区的和平与稳定。2003年以来，中国积极开展外交斡旋，先后促成并主办中国、朝鲜、美国三方会谈和中国、朝鲜、美国、韩国、俄罗斯、日本六方会谈，推动半

2006年12月，第五轮朝核六方会谈第二阶段会议在北京开幕

岛无核化，并取得重要成果。在中东问题上，中国反对任何破坏地区和平稳定的做法，与其他国家共同推动安理会一致通过第1701号决议，并呼吁有关各方继续在联合国有关决议和“土地换和平”原则的基础上重启和平进程，早日实现包括巴以问题在内的中东问题的全面、公正解决，实现相关国家和睦相处和地区持久和平。在伊拉克问题上，中国倡导在联合国框架内政治解决，主张维护伊拉克主权独立和领土完整，尊重伊拉克人民当家作主的愿望，并为战后伊拉克问题的妥善解决做了大量工作。在伊朗核问题上，中国支持维护国际核不扩散体系，维护中东地区的和平稳定，反对核武器扩散，主张通过外交谈判和平解决伊核问题。

——不断扩大参与联合国维和行动。自1989年至2006年底，中国共向16项联合国维和行动派出军事人员、警察和民事官员6000多人次，成为联合国维和行动第十二大派出国，并有9名中国军人为联合国维和事业献出宝贵生命。截至2007年1月，仍有近2000名中国军人、警察和民事官员在11个维和任务区执行任务。2006年7月以色列和黎巴嫩发生冲突后，中国宣布愿向联合国驻黎巴嫩临时部队增兵至1000人。

——积极参与全球反恐斗争。中国坚持以《联合国宪章》和其他公认的

2006年7月，参加联合国海地维和行动的中国官兵悼念在维和行动中牺牲的战友

2005年部分国家国防费情况比较

国家	美国	俄罗斯	英国	法国	德国	日本	中国
国防费数额(单位:亿美元)	4953.3	186.0	578.8	428.9	311.4	453.9	306.5
国防费占GDP比例(%)	4.03	2.45	2.71	1.93	1.07	0.89	1.35
军人人均国防费(单位:千美元)	356.61	16.39	288.03	123.54	122.93	188.47	13.32

资料来源:《2006年中国的国防》白皮书

国际法准则为基础，充分发挥联合国及其安理会的领导和作用，与世界各国一道共同防范和打击恐怖主义，清除恐怖主义产生的根源，特别是在反恐情报信息交流、截断恐怖活动资金来源、引渡和遣送恐怖犯罪嫌疑人等方面加强合作，为国际反恐斗争做了大量卓有成效的工作。中国加入了《制止恐怖主义爆炸的国际公约》等10个反恐国际公约，签署了《制止向恐怖主义提供资助的国际公约》，认真执行联合国及其安理会通过的一系列关于反对恐怖主义问题的决议。中国倡导加强区域反恐合作，与有关国家举行联合反恐演习，探索反恐新途径，有力震慑了国际恐怖势力。

——坚持奉行防御性的国防政策。中国的国防服从和服务于国家发展战略和安全战略，旨在维护国家安全统一，确保实现现代化建设的宏伟目标。中国在经济发展的基础上推进国防和军队现代化建设，是适应世界新军事变革发展的趋势、维护国家安全和发展利益的需要。20世纪90年代以来，在经济发展的基础上，为维护国家主权和安全统一，适应世界新军事变革的发展需要，中国保持了国防费的逐步增长。但是这种增长仍属于弥补国防基础薄弱的补偿性增长，是与国家经济发展相协调的增长。目前，中国国防费总额、军人人均数额，与其他一些国家特别是大国相比仍处于较低水平。2005年，中国年度国防费相当于美国的6.19%，英国的52.95%，法国的71.45%，日本的67.52%。

（四）推动建设和谐世界

人类只有一个地球。建设同一个美好家园，实现全球和谐，是各国人民孜孜以求的崇高理想。但是，现实世界并不安宁。局部冲突和热点问题不断出现，全球经济失衡加剧，南北差距拉大，传统安全威胁和非传统安全威胁相互交织，世界和平与发展面临诸多难题和挑战。

2005年9月，中国国家主席胡锦涛在联合国成立60周年首脑会议上，倡议世界各国携手合作，共同为建设一个持久和平、共同繁荣的和谐世界而努力。

中国倡导建设的和谐世界，其基本内涵是：政治上互相尊重、平等协商，共同推进国际关系民主化；经济上相互合作、优势互补，共同推动经济全球

2006年11月"尊重和促进人权与建设和谐世界"国际人权研讨会在北京召开

亚太经济合作组织(APEC)成员

化朝着均衡、普惠、共赢方向发展；文化上互相借鉴、求同存异，尊重世界多样性，共同促进人类文明繁荣进步；安全上相互信任、加强合作，坚持用和平方式而不是战争手段解决国际争端，共同维护世界和平稳定；环保上相互帮助、协力推进，共同呵护人类赖以生存的地球家园。

建设和谐世界是中华民族优秀文化传统和道德伦理的现实体现。和谐，是中国几千年文明史传承下来的优秀文化精神和重要价值观念。在中国传统文化中，“和谐”二字包含了和平、合作、平等、协商、互利、包容、共存等内容，内涵博大精深。中国自古以来就有“和为贵”、“和而不同”的思想，认为个人之间、民族之间、国家之间的团结互助、友好相处，是社会发展的最高境界；同时强调“和为贵”以“和而不同”为前提，即在承认多元性、多样性、差异性的前提下，通过相互对话、合作，求同存异，恰当地协调各方，妥善处理和解决矛盾。这一思想用于社会实践，对内注重社会各方面相互尊重、彼此合作、团结一致，对外注重协和万邦、亲仁善邻、和平共处。

中国的建设和谐世界主张与全人类的共同价值取向相一致。和谐世界主张与《联合国宪章》所倡导的各国“彼此以善邻之道，和睦相处”、“集中力量，以维持国际和平及安全”、“运用国际机构，以促成全球人民经济及社会之进展”等理念，异曲同工。

中国倡导建设的和谐世界是世界不断和谐化的过程，以现实世界为依据和出发点。在这一过程中，并非没有冲突和差异，也并非没有矛盾和问题，关键是各国要通过协商寻找共同点，处理好国家间关系和日益增多的全球性问题，不断把握和扩大现实世界中的和谐因素，推动人类社会发展进步。

2007年第四届东盟博览会在广西南宁开幕，图为泰国国家馆

近年来，中国为推动建设一个持久和平与共同繁荣的和谐世界，进行了不懈努力。

建设和谐世界首先要建设和谐周边。中国周边有接壤、不接壤及隔海相望的邻近国家约30个，其中南面邻国是11个东南亚中小发展中国家，包括东盟十国和东帝汶。东盟十国都是中国的近邻。本着“与邻为善、以邻为伴”的原则，中国积极发展与东盟国家的友好合作关系。目前，中国与东盟的关系已呈现“平等互相、合作共赢”的良好发展态势。在政治领域，双方仅用10年多时间就建立了战略伙伴关系；在安全领域，双方努力通过对话增进互信，通过磋商和平解决争议，通过合作实现地区安全，签署了多项合作文件；在经济领域，双方贸易、投资和经济合作发展很快，2006年已互为第四大厦贸易伙伴，中国－东盟自由贸易区将于2010年建成，届时将涵盖18亿人口，GDP超过2万亿美元，贸易额达1.23万亿美元，成为世界上由发展中国家组成的最大的自由贸易区；在国际和地区事务上，双方共同推进东盟与中日韩（10+3）合作、东盟地区论坛、亚洲合作对话、亚太经济合作组织、亚欧会议等区域和跨区域合作机制的健康发展。2006年10月，“中国－东盟建立对话关系15周年纪念峰会”在中国广西南宁举行，双方的战略伙伴关系前景良好。

“上海合作组织”的建立和发展，是中国致力于建设和谐周边的又一成功范例。2001年，由中国、哈萨克斯坦、吉尔吉斯斯坦、俄罗斯、塔吉克斯坦、乌兹别克斯坦六国组成的“上海合作组织”在中国上海宣告成立。上海合作组织成员国拥有地理相邻、历史相近、文化相通的得天独厚的优势，恪守和平与发展的宗旨，遵循民主原则，奉行对外开放政策，积极开展多种形式的对话、交流、合作。多年来，上海合作组织坚定不移地实践和弘扬互信、互利、平等、协商，尊重文明多样性，谋求共同发展的“上海精神”，已成为维护地区和世界和平、稳定、繁荣的重要力量。2006年6月，上海合作组织成立五周年峰会在中国上海举行。峰会上，各国元首围绕弘扬“上海精神”、深化务实合作、促进共同发展的主题，提出了上海合作组织发展的远景规划，签署了《上海合作组织五周年宣言》，为上海合作组织今后的发展确定了方向和任务。

2006年上海浦东喜迎上海合作组织峰会

建设和谐世界发展是关键。为此，中国十分注重以自身的发展促进世界的发展，实现与各国的共同发展。多年来，中国积极推进与发展中国家的经贸关系，不断扩大互利共赢成果，广大发展中国家从与中国的合作中获得更

中国资助的发展中国家反贫困问题研修班的学员

多的发展机会和实惠。中国通过更大程度地开放国内市场，更多地进口发展中国家产品，以及为发展中国家提供生产技术帮助等方式，加强与发展中国家合作。中国政府支持有实力的中国企业在境外开展多种形式的互利共赢合作。

中国在自身发展任务十分艰巨的情况下，坚持以实际行动支持发展中国家发展，逐步扩大对发展中国家的经济援助。从2002年至2006年8月，中国对外援助的国家和区域组织达到105个，无条件免除了亚洲、非洲、拉美和南太地区45个国家约170亿美元债务。2005年9月，在联合国成立60周年首脑会议发展筹资高级别会议上，中国国家主席胡锦涛宣布了中国加强对其他发展中国家援助的重大举措：给予所有同中国建交的39个最不发达国家部分商品零关税待遇；此后两年内免除或以其他处理方式消除所有同中国有外交关系的重债穷国2004年底前对华到期未还的全部无息和低息政府贷款；此后3年内向发展中国家提供100亿美元优惠贷款及优惠出口买方信贷；此后3年内为发展中国家培训、培养3万名各类人才。2005年12月，中国政府承诺，将在之后3年向发展中国家提供100亿美元的优惠贷款及优惠出口买方信贷中的大约1/3提供给东盟国家，并在现有基础上增加50亿美元优惠贷款。

多年来，中国为非洲发展中国家实施了近900个基础设施和社会公益项目，提供了近1.8万人次的奖学金，派出近1.6万人次的医疗队。在中非合作论坛框架内，中国免除了非洲31个国家109亿元人民币债务，培训了约1万名各类人才。在2006年11月举行的中非合作论坛北京峰会上，中国国家主席胡锦涛代表中国政府就进一步扩大对非洲国家援助规模提出将采取8个方面的政策措施，包括：到2009年将对中国对非洲国家的援助规模在2006年的基础上增加1倍；今后3年内向非洲国家提供30亿美元的优惠贷款和20亿美元的优惠出口买方信贷；设立中非发展基金，基金总额逐步达到50亿美元；免除同中国有外交关系的所有非洲重债穷国和最不发达国家截至2005年底到期的政府无息贷款债务；把同中国有外交关系的非洲最不发达国家输华商品零关税待遇受惠商品由190个税目扩大到440多个；今后3年内在非洲国家建立3至5个境外经济贸易合作区；今后3年内为非洲国家培训培养1.5万名各类人才等等。

（五）传统的继承与变迁

在实行改革开放政策和参与经济全球化的背景下，当代中国社会变化之剧烈、广泛和深入，是历史上未曾有过的。

今天的中国是传统中国的延续，但更是与时俱进、开拓创新的国家。中国社会的发展正处在一个转型时期，正以崭新的姿态面向未来。

社会经济成分发生变化。这一变化的一个显著特点是向多样化发展。社会主义市场经济的深入发展，使经济成份呈多样性，出现以公有制为主体、多种所有制经济共同发展的局面。同时，经济组织形式、就业方式和分配方式也出现多样化。这一切的发展也使社会利益关系日趋多样化，不同的阶层对社会发展有着不同的认识，对自身利益有着不同的诉求。

城市化进程加快促进乡村发生变化。中华古代文明是农业文明，小农经济家庭生产和生活方式决定社会价值和发展模式。现代化与城市化紧密相伴，中国现代化建设的快速发展，使城市增多且规模扩大。近年来，由于政府积极推进城镇化和产业结构升级，实施城市带动农村、工业反哺农业的发展战略，农民不再被固定在土地上。一些农民也因为城市对个人发展的机会多，生活方

重庆农民工专场招聘会

便，向往城市。近年来，大量的农村富余劳动力向非农产业转移，向城市流动，乡村开始萎缩。大量转移到城市的农村人口不仅为城市提供了充裕的劳动力，改善了农村经济状况，同时城市也给他们提供了更广阔的施展才能的平台，增加了经济收入，提高了生活水平。城市化带来的不仅是城乡比重的变化，更重要的是观念的变化，农民不再把土地作为惟一的依靠对象，克服了安土重迁、眷恋故土、求稳怕变的封闭、保守、平均观念，赋予了新的竞争和创造精神。

中国人的价值观念在发生变化。传统文化中的一些不利于进取、创新的思想正在被具有时代气息的价值观念所取代。社会的发展进步，使全体人民对时间、效率、发展以及各种生产要素的认识，对公正、正义、诚信、友爱等的理解，在价值领域有很大的进步。民主、法制、自由、平等、博爱等价值观念，为全社会所普遍接受，并为人们所努力践行。以前的中国人崇尚个性内敛，行事低调，现在人们张扬个性，创造精神空前高涨，社会充满朝气与活力。这些年来，中国人思想活动的独立性、选择性、多变性、差异性明显增强，这些对国家政治建设、文化建设提出了更高要求。

文化发展呈多样性特点。传统与现代、东方与西方，各种不同文化在当

陕西西安社区居委会换届选举

湖北武汉江汉路步行街上的2007年万圣节狂欢活动

《哈利·波特7》中文版首发式，吸引了大量的哈迷

今中国比比皆是，交织影响。突出艺术家的创作个性，尊重艺术自身发展的规律，已成为人们的共识。艺术作品的消遣趣味上升，现代艺术流派纷呈，艺术与生活更加融合。文学创作逐渐大众化，作家平民化，网络文学畅销。流行音乐已成为人们生活中不可缺少的内容，网络歌曲盛行一时。摇滚音乐遍地开花，传统京剧艺术得到保护和弘扬。众多的电视选秀节目人气兴旺，成为社会各方面广泛参与的电视文化活动，标志大众文化消费时代的来临。节日文化呈现多样性，传统的春节、中秋节等节日依然为大众所喜爱，同时，情人节、圣诞节等西方节日也为年轻一代所热衷。网民数量增长迅猛，有众多的博客和播客。

中国人的婚姻家庭观念也在发生重大变化。妇女参加工作，有了稳定的经济收入，使男女平等意识增强，动摇了传统中男性在家庭中的主导地位，男性权威下降。传统的中国人，对待婚姻推崇白头到老、从一而终。在今天的中国，这种情况发生了变化。近年来，中国的离婚率持续上升。离婚率的分布不均衡，一般来说，城镇高于农村，女性提出离婚的比率高于男性，年龄30岁以上的中青年占大部分，受过高等教育的女性为多。社会交往扩大，人口流动性增强，家庭成员个人意识和自由意识的增强，造成家庭关系不稳定，非婚姻性关系增多。传统的中国人把养育子女看得非常重要，认为膝下无子女，尤其是没有儿子，是对祖先的最大不孝。现在人们的生育观念转变了，一些年轻人为了专注事业，追求更加自由的生活，选择了丁克家庭。生育观念的转变和国家为控制人口采取的计划生育政策，使中国的生育率显著下降，人口老龄化速度加快。住房条件的改善和人口流动的加速，使家庭小型化的趋势明显。目前，中国第一代独生子女已进入婚育年龄。传统大家庭的金字塔结构，正在向反向发展。延续了数千年的家庭代际养老模式正受到前所未有的挑战。目前，中国城乡平均家庭户人均规模，已经从20世纪70年代初的4.8人缩小到目前的3.4人。现在全国城市家庭户平均人口为3人，北京、上海两大城市更是只有2.8至2.9人；镇一级家庭的平均人口为3.3人；乡村家庭人口规模为3.7人。在各种家庭类型中，单身家庭、单亲家庭增长加快。

三口之家是现在中国的典型家庭

社会经济的发展，使人民生活水平大幅度提高，生活方式发生了改变。人们的消费观念在更新、消费水平在提高、消费结构在优化、消费方式在多元化。现在的中国人也追求新潮，注重服装的款式和流行色。尤其是年轻人，与其父辈相比，他们的生活方式发生了太多的变化。老辈人因长期生活在物资贫乏的年代，养成了艰苦朴素的生活习惯，而超前消费、品牌消费已成年轻人时尚，以至于一些国际顶级奢侈品公司看好中国的市场，纷纷在中国开店。许多年轻人热衷于西餐，北京、上海等大城市有来自世界各国的美味。青少年是西式快餐的拥趸，他们喜欢三

北京天安门广场上的外国游客

五成群在肯德基、麦当劳的餐厅里过生日。一些年轻人还通过按揭购房，建立起自己的天地，结婚后不再与父母生活在一起。他们把休闲看得与工作一样重要，尽享生命之乐。

外国观察家对中国正在发生的变化有过这样的描述：

中国人民正在经历的社会调整，其程度与范围之深广，无论如何估量也不过分。但是，正因为中国愿意接受这样的调整，人类历史上还没有哪个大国人民的生活水平和工作条件，曾经历过如此迅速的改善。在改革刚开始的时候，上海的工人还都穿着同样的服装，看上去无精打采、缺乏热情，很少有人拥有电视甚至手表之类的日常用品。在农村，营养不良的现象到处蔓延。然而，今天普通的上海居民家庭轻而易举地就拥有一台以上的电视机，营养不良的现象已经绝迹。（威廉·奥韦霍尔特：《中国与全球化》）